JN045937

日米安保と砂川判決の黒い霧

最高裁長官の情報漏洩を訴える国賠訴訟

吉田敏浩
YOSHIDA Toshihiro

彩流社

目次◉『日米安保と砂川判決の黒い霧――最高裁長官の情報漏洩を訴える国賠訴訟』

第一章　最高裁長官がアメリカ大使に裁判情報を漏洩

砂川事件の元被告たちによる国賠訴訟　8
米軍基地の拡張に反対する砂川闘争　12
強制測量への抗議中に起きた砂川事件　14
米軍駐留を違憲とした「伊達判決」　16
アメリカ大使が最高裁への跳躍上告をうながす　19
秘密電報が伝える日米両政府の連携の内幕　22
最高裁長官に接触し内部情報を得る大使　27
最高裁長官と大使館首席公使の密談　30
裁判情報を漏らす最高裁長官　33
砂川事件裁判の争点　35
裁判の公平性を侵害する裁判情報の漏洩　38
裁判所法に反する田中長官の情報漏洩　42
米軍駐留を合憲とした砂川最高裁判決　44
アメリカ政府に高く評価された田中長官　49

第二章　砂川事件元被告たちの再審請求と国賠訴訟

砂川最高裁判決の裏面の闇に光が　54
情報公開を求める砂川事件の元被告　56
開示された外務省の極秘文書　58
真相を隠そうとする政府　60
情報公開に背を向ける最高裁　63
免訴を求める再審請求　66
再審請求を認めない裁判所　69
公平な裁判を受ける権利が侵害された　71
国賠訴訟を通じて司法の公平を求める　74
提訴にかける原告の思い　76
米国公文書さえも疑問視する国側　78
いかに不公平な裁判所だったのかを立証　82
田中長官の発言と合致する裁判の進行　84
評議の実情と合致する情報の漏洩　87
判決の見通しまでアメリカ側に伝えていた　90
国家賠償の消滅時効を主張する国側　92
消滅時効は完成していないとする原告側　94
事実の事細かな検証と審理を　96

第三章　砂川最高裁判決がもたらした「呪縛」

下級審の裁判所を縛る砂川最高裁判決　102
沖縄での米軍用地訴訟への影響　104
統治行為論を用いた那覇地裁の判決　107
米軍機の飛行差し止め請求を退ける裁判所　110
司法の役割と責任に背を向ける判決　113
「伊達判決」裁判官も「統治行為論」を批判　115
三権分立と人権の砦としての司法の役割　117
米軍機の騒音公害を止められない司法　119
砂川最高裁判決はダブルスタンダードの論法　122
米軍の特権を認める政治的判決　125
「安保法体系」と「憲法体系」の対立　127
日米両政府と米軍の望み通りの最高裁判決　130
砂川最高裁判決の「呪縛」を解かんとする国賠訴訟　133

第四章　集団的自衛権の行使と砂川最高裁判決は無関係

集団的自衛権の行使容認へ大転換　138
砂川最高裁判決を曲解する安倍政権　141
砂川事件裁判の元弁護団による批判　142
日本は集団的自衛権を憲法上行使できない　144

安保条約と日本の個別的自衛権　147
安倍政権の主張はこじつけ　149
政府がとり得る措置は憲法の範囲内に限られる　153
軍事協力を拡大する日米防衛協力のための指針　155
日米の高級官僚と高級軍人の密室協議で立案　158
戦争協力のガイドラインと安保法制　160
専守防衛の原則を破る安保法制　163
後方支援活動は戦争の一環　167
戦場に足を踏み入れる自衛隊　169
米軍部隊の防護の武器使用から戦闘へ　172
日本が戦争の当事国となる危険性　175
安保法制は二重三重にも違憲の法制度　177

第五章　安保法体系vs憲法体系と「伊達判決」

インド洋での自衛隊による米軍への給油活動　180
イラク戦争で自衛隊輸送機が米軍兵士を輸送　182
戦争への出撃拠点となる在日米軍基地　184
裁判でも問題となった在日米軍基地からの出動　188
日本が戦争に巻き込まれる危険性　189
裁判の裏側で秘密の連携をしていた日米両政府　191
米軍の出動と基地使用の事実を偽る　194

日本は真の独立国といえるのか　197
占領時代にさかのぼる米軍特権のルーツ　200
占領の延長線上にある米軍特権　202
米軍用地の強制使用と特措法　205
占領管理法体系から安保法体系へ　207
日米合同委員会の密約　209
占領の延長といえる「安保法体系」＋「密約体系」　211
「憲法体系」によって米軍に規制をかける　213
アメリカの戦略に利用される日本　215
軍事大国化を目指す安倍政権　217
戦争の加害者にも被害者にもならない　220

関連資料

砂川事件・東京地方裁判所判決（「伊達判決」）　224
砂川事件・最高裁判所大法廷判決（「砂川判決」）　232

あとがき　240／　主要参考文献　242

＊引用文中の〔　〕内は著者が補った語句。
＊国会質問と国会答弁の引用文は、原則として語尾などの「です
ます調」を「である調」に換えた。
＊とくに断りのない写真は著者撮影。

第一章

最高裁長官がアメリカ大使に裁判情報を漏洩

砂川事件の元被告たちによる国賠訴訟

二〇二〇年の今年は安保改定から六〇年の節目にあたるが、いま東京地方裁判所で、注目すべき国家賠償請求訴訟（国賠訴訟）の裁判が進行中である。一九年三月一九日に提訴された砂川事件裁判国賠訴訟（以下、砂川国賠訴訟）だ。この裁判は、司法の公平性・独立性と憲法九条や日米安保条約・地位協定にも深く関わっている。

「米軍の駐留は違憲ではない。高度の政治性を有する日米安保条約は、一見極めて明白に違憲無効と認められない限りは裁判所の司法審査権の範囲外」とした砂川事件最高裁判所判決（一九五九年一二月一六日。以下、砂川最高裁判決）。

「砂川判決」とも呼ばれるこの有名な判決の背後に、当時の田中耕太郎*最高裁長官からダグラス・マッカーサー二世駐日アメリカ大使*らへの密談による裁判情報の漏洩があった。そのため憲法三七条「すべて刑事事件においては、被告人は、公平な裁判所の迅速な公開裁判を受ける権利を有する」が保障する、「公平な裁判所」の裁判を受ける権利を侵害されていた。

そう訴えて、砂川事件元被告の土屋源太郎氏と椎野徳蔵氏、元被告の故・坂田茂氏の長女・坂田和子氏の三名が、国を相手取り訴訟を起こした。慰謝料（賠償金）各一〇万円、元被告の罰金各二〇〇〇円の返還、国（政府）による謝罪広告の新聞掲載を求めている。

東京地裁へ向かう砂川国賠訴訟の原告団と弁護団と支援者

砂川最高裁判決は、二〇一五年の安保法制成立の際、安倍晋三政権（当時）が判決内容を曲解したうえで、集団的自衛権の行使を容認する強引な解釈改憲の正当化に用いた。また、米軍機の騒音公害や米軍用地の強制使用など基地被害をめぐる裁判で、安保優先・軍事優先の判決を正当化する最高裁判例としても使われている。

いわば日米安保体制と軍事同盟強化のお墨付きとして利用されているのだ。安保条約や自衛隊など「高度の政治性を有する」問題は、「裁判所の司法審査権の範囲外」とする法理論すなわち「統治行為論」を用いた初の最高裁判例として、権威あるものと見なされてきた。

しかし、その背後には、アメリカ政府の密かな内政干渉、田中最高裁長官による裁判情報の漏洩など不正行為があったのだ。それは、アメリカ国立公文書館で秘密指定解除のうえ公開された、駐日アメリカ大使館の秘密電報・書簡などの公文書（後述）で明らかになった。

まさに司法の公平性・独立性が侵害されていたのである。砂川国賠訴訟はそのような黒い霧に覆われた最高裁判決に、根底から異議申し立てをするものだ。原告のひとりで、提訴当時八四歳の土屋源太郎氏は訴える。

「一九五九年当時、砂川事件を裁いた最高裁大法廷の裁判長は、田中長官が務めました。ところが裁判長みずから、裁判の一方の当事者にあたるアメリカの大使に密かに裁判情報を漏らしていたのです。そうした不公平で不透明な最高裁判決に正当性はありません。裁判所は、私たちが公平な裁判所の裁判を受ける権利を侵害されたことを認め、司法の公平性と独立性をみずから回復させるべきです」

1 14版 2008年(平成20年)4月30日(水)

1959年 砂川裁判

米大使 最高裁長官と密談

1審「日米安保違憲」

破棄判決前に

マッカーサー 元駐日米大使

田中耕太郎 元最高裁長官

マッカーサー大使と田中最高裁長官の密談に関するアメリカ政府解禁秘密文書の発見を報じる『毎日新聞』2008年4月30日朝刊

＊田中耕太郎（たなか・こうたろう）

一八九〇年、鹿児島県生まれ。一九一五年、東京帝国大学法科大学を卒業後、内務省に入ったが、研究生活にもどり、同大教授となる。四五年、東大教授を兼任で文部省学校教育局長となり、学制改革に取り組む。翌年、第一次吉田茂内閣の文部大臣に起用される。四七年一月の内閣改造で文部大臣を辞任。同年、初めての参院選の全国区に立候補して当選。緑風会に所属し、文教委員会委員長を務める。一九五〇年三月、吉田茂首相の推挙により第二代最高裁判所長官に就任し、六〇年一〇月まで務める。任期中、砂川事件裁判や松川事件裁判など戦後史上の重大な裁判に裁判長として関わる。

六〇年一一月に国際司法裁判所判事に就任し、オランダのハーグに赴任、七〇年二月まで務める。七四年に死去。

＊ダグラス・マッカーサー二世

一九〇八年、アメリカのペンシルベニア州生まれ。第二次世界大戦後に日本を占領した連合国軍の最高司令官マッカーサー元帥の甥。イェール大学を卒業後、一九三五年に国務省に入省。五三年にアイゼンハワー大統領の要請で国務省参事官としてダレス国務長官を補佐し、一連の外交活動に関わる。

東南アジアにおけるアメリカ中心の反共産主義陣営の軍事同盟で、タイ、フィリピン、パキスタン、オーストラリアなども参加して一九五四年に成立した、東南アジア集団防衛機構（SEATO）条約の策定に関与した。五七年二月から六一年三月まで駐日大使を務め、日米安保改定交渉を担当。離任後は駐ベルギー大使や駐イラン大使などを歴任した。九七年に死去。

米軍基地の拡張に反対する砂川闘争

砂川事件は一九五七年七月八日、東京都北多摩郡砂川町（現立川市）で起きた。その日、米空軍立川基地の基地内民有地の強制使用に向けた測量に反対する、地元農民と支援の労働者・学生のデモ隊の一部が、基地内に数メートル立ち入った。同年九月二二日、日米安保条約にもとづく行政協定（現・地位協定）の実施に伴う刑事特別法第二条（米軍基地への正当な理由のない立ち入り禁止）違反容疑で、二三人が逮捕された。そして七人の労働者や学生が起訴された。当時、明治大学の学生だった土屋氏もそのひとりである。

砂川町は、この事件が起きる前から、基地問題で大きく揺れ動いていた。一九五五年五月、日本政府は立川基地の飛行場の滑走路を拡張する計画を町当局に伝達し、「拡張計画に反対しても、〔拡張予定地を〕われわれは土地収用法で収用してしまう。その時はもちろん土地は補償しない」と通告した。それに対し、先祖代々受け継いできた土地を取り上げられたくない地元農民を中心に、反対運動が町ぐるみで広がった。町議会も満場一致で反対を決議し、砂川町基地拡張反対同盟が結成された（『砂川闘争の記録』宮岡政雄著　御茶の水書房二〇〇五年）。

滑走路の拡張計画は、当時、軍用機のジェット機化を進める米軍の強い要求にもとづいていた。米軍は立川基地だけでなく、横田（東京）、新潟、小牧（愛知）、木更津（千葉）の各空軍基地の飛行場の滑走路拡張を求めた。日本政府もそれを受け入れた。

　これら在日米軍基地の滑走路拡張計画の背後には、当時のソ連や中国など対共産主義陣営をにらみ、核爆弾を搭載した軍用機の離着陸ができるようにするための、米軍の核兵器使用計画・核戦略もあったといわれている。

　日本政府は立川基地の滑走路拡張に向けて、日米安保条約にもとづく行政協定の実施に伴う土地等使用特別措置法による強制収用に取りかかった。同法は米軍基地の用地の賃貸に応じない所有者の土地を、一定の手続きをへて強制的に収用するための法律である。駐留軍用地特措法または米軍用地特措法とも呼ばれる。刑事特別法（以下、刑特法）と同じように日本における米軍の特権を保障する安保特例法・特別法のひとつだ。

　政府は一九五五年の八月から一一月にかけてと、五六年の一〇月に、砂川町の滑走路拡張の予定地で強制測量を実施。反対運動を抑え込むために警官隊も多数動員した。それは現地に大混乱をもたらした。

　強制測量を阻止しようとスクラムを組んで立ちはだかる農民たちと、支援に加わった労働組合員たちや学生たちを、警官隊が棍棒で殴りつけて排除する流血の事件も起き、千数百人もの負傷者が出た。流血の事態が報道されたことから社会的な反響を呼び、注目された。反対運動は「砂川闘争」と呼ばれ、地元農民の真情を表した闘いのスローガン、「土地に杭は打たれても、心に杭は打たれない」も広く知られるようになった。

当時、砂川のほかにも、山形県の大高根射撃場の拡張、山梨県の北富士演習場の拡張、群馬県の妙義山での演習場設置、千葉県の木更津飛行場拡張、愛知県の小牧飛行場拡張、米軍占領下の沖縄での基地建設に伴う土地取り上げなど、米軍基地の拡大に反対する運動が全国各地で高まっていた。

強制測量への抗議中に起きた砂川事件

こうした事態に続いて起きたのが砂川事件である。

立川基地は、一九四五年八月のアジア太平洋戦争の敗戦直後に、日本を占領した米軍が旧日本陸軍の立川飛行場を接収したものだ。飛行場のために日本陸軍によって収用されていた砂川の地元農民の土地は、戦後、そのまま米軍用地として強制的に借り上げられ、一年ごとの賃貸契約で使われていた。

しかし、一九五六年四月に基地内の土地所有者八名が、合計約三九〇〇平方メートルの土地の賃貸契約の更新を拒否して、国（日本政府）を相手取り土地の返還を求める訴訟を起こした。これに対して、政府はその土地を強制的に継続使用するため、前出の土地等使用特別措置法による強制使用に踏み切り、基地内民有地の強制測量を実施した。

一九五七年七月八日、早朝から測量作業がおこなわれた。千数百人の警官隊が基地の境界柵の内側に、さらにロール状の鉄条網を据えて警備態勢をしいた。この強制測量に反対する地元農民ら砂川町基地拡張反対同盟員と、支援する労働組合員、学生ら千数百人は、基地の北側に集まり、気勢をあげて抗議した。

やがて学生たちが基地の柵を揺さぶって押し倒し、スクラムを組んだ約三〇〇人の学生と労働者が基地内に数メートル立ち入った。鉄条網をはさんで警官隊と対峙し、抗議行動を続けた。警官隊の背後には銃を手にした米軍兵士が控え、機関銃を積んだジープも出動してきた。

同日の午後になり、現地に来た社会党国会議員団と立川警察署長との間で、「基地内で騒ぎを起こさない限り、逮捕者は出さない。本日は双方同時にそれぞれ引き上げる」という約束が成立した。測量も、抗議行動も中止となり、双方が引き上げた（『砂川闘争から沖縄、横田へ』伊達判決を生かす会作成・発行　二〇一八年）。

ところが、同年九月二二日、警察は撮影していた七月八日の現場写真をもとに、基地内に立ち入った二三人の学生と労働者を刑特法第二条の違反容疑で逮捕した。そして、そのうち学生三人と労働者四人が起訴されたのである。

米軍駐留を違憲とした「伊達判決」

起訴された前出の土屋氏ら砂川事件の被告七人の裁判は、東京地裁刑事第一三部（伊達秋雄*裁判長、清水春三裁判官、松本一郎裁判官）において審理された。

一九五九年三月三〇日の判決では、被告全員が無罪を言い渡された。新聞各紙は一面で、「米軍の駐留は違憲、刑特法は無効、基地立ち入り、全員に無罪」などの見出しを掲げ、大々的に報じた。伊達裁判長の名から「伊達判決」と呼ばれる。憲法九条をめぐる裁判史上、特筆される判決の主旨は次のとおりだ。

「憲法九条は自衛権を否定するものではない。しかし、日本が戦争をする権利も戦力の保持も禁じている。

一方、日米安保条約では、日本に駐留する米軍は、日本防衛のためだけでなく、極東における国際の平和と安全の維持のため、戦略上必要と判断したら日本国外にも出動できる。その際には、日本が提供した基地は米軍の軍事行動のために使用される。その結果、日本が直接関係のない武力紛争に巻き込まれ、戦争の惨禍が日本に及ぶおそれもある。

したがって、安保条約によりこのような危険をもたらす可能性を含む米軍の駐留を許した日本政府の行為は、『政府の行為によって再び戦争の惨禍が起きないようにすることを決意』した日本国憲法の精神にもとるのではないか。

このような実質を持つ米軍の駐留は、日本政府の要請とアメリカ政府の承諾という意思の合致があったからだ。つまり日本政府の行為によるものといえる。米軍の駐留は、日本側の要請と基地の提供と費用の分担など協力があるからこそ可能なのである。

このような点を実質的に考察すると、米軍の駐留を許容していることは、指揮権の有無、米軍の出動義務の有無にかかわらず、憲法九条二項で禁止されている戦力の保持に該当すると言わざるをえない。結局、駐留米軍は憲法上その存在を許すべきものではないと言わざるをえない。

＊伊達秋雄（だて・あきお）

一九〇九年、大分県生まれ。京都帝国大学法学部卒業。三三年に判事となり、新潟地裁や東京地裁の裁判官を歴任。五九年、東京地裁での砂川事件裁判で、「日米安保条約にもとづく米軍駐留は憲法九条違反」という画期的な判決を言い渡した。後に「伊達判決」と呼ばれる。

一九六一年に退官後、法政大学教授（刑法専攻）、弁護士。七二年に沖縄返還をめぐる日米密約を暴露した毎日新聞の西山太吉記者の「外務省機密漏洩事件」弁護団長も務めた。市民団体「国民総背番号制に反対しプライバシーを守る中央会議」の代表にもなった。九四年に死去。

刑特法は、正当な理由のない基地内立ち入りに対し、一年以下の懲役または二〇〇〇円以下の罰金もしくは科料を科している。それは、軽犯罪法の正当な理由なく立ち入り禁止の場所に入った者を罰する規定よりも特に重い。

夕刊 讀賣新聞
THE YOMIURI SHIMBUN EVENING EDITION
3月30日 月曜日
米軍の駐留は違憲
砂川基地立入り事件に判決
行政協定
刑特法は無効
東京地裁 全員七人に無罪

東京地裁「伊達判決」を報じる『読売新聞』1959年3月30日夕刊

しかし、米軍の日本駐留が憲法九条二項に違反している以上、国民に対し軽犯罪法の規定よりも特に重い刑罰をもって臨む刑特法第二条の規定は、どのような人でも適正な手続きによらなければ刑罰を科せられないとする憲法三一条に違反しており、無効だ。したがって、全員無罪である」

土屋氏はこの予想外の判決を東京地裁の法廷で聞いたときの驚きと感激を、次のように語った。

「それまでは、おそらく有罪判決が出るのだろうと思っていました。ところが、

『被告人は無罪』という思いもよらぬ判決が言い渡されたわけです。うれしいというより以前に、大変驚きました。そして『米軍の駐留は違憲』という判断が下されたことを知って、自分たちの主張そのものじゃないかと、思わず胸が熱くなりました。傍聴席で一瞬ざわめきが起こったあと、法廷は静まりかえり、判決文を淡々と読みあげる伊達秋雄裁判長の顔を、誰もが食い入るように見つめていたのを、いまでもよく覚えています」

アメリカ大使が最高裁への跳躍上告をうながす

日本で基地を使用し、日本国外にも出動できる駐留米軍の軍事行動によって、日本が戦争に巻き込まれるおそれもある。そのような危険をもたらす可能性のある米軍に、基地を提供し、駐留を許した日本政府の行為は憲法の精神に反する。したがって米軍の駐留を許すことは、日本国の指揮権の有無にかかわらず、憲法九条が禁じる戦力の保持にあたり、違憲である。

このような論旨の「伊達判決」は、日本政府の「駐留米軍は、日本国に指揮管理権がないため日本の戦力ではなく、憲法九条に違反しない」という従来の見解を真っ向から否定するもので、前例のない画期的な内容だった。

それは日米両政府に衝撃を与えた。当時、全国各地で高まっていた米軍基地反対運動や安保条約反対運動を勢いづかせ、日米間で進む安保改定交渉の障害になるとみられたのだ。米軍駐留の安定性をおびやかし、日米安保体制の根幹をゆるがす事態は、基地を自由に運営する米軍にとっても容認できない。アメリカ政府は素早く政治的工作を始めた。

東京地裁判決の翌日、三月三一日早朝、マッカーサー大使は密かに藤山愛一郎*外相（当時）と会い、最高裁への跳躍上告をうながした。

跳躍上告とは、通常の手続きである東京高等裁判所への控訴をせずに、高裁を飛び越して最高裁に直接上告するきわめて異例の措置だ。アメリカ政府は一日も早く「伊達判決」をくつがえしたかったのであろう。

内政干渉にあたるこの事実を、大使はワシントンのダレス国務長官（当時）宛《あ》て「極秘」電報で報告している。国務省は日本では外務省にあたる政府機関だ。


「今朝八時に藤山と会い、米軍の駐留と基地を日本国憲法違反とした東京地裁判決について話し合った。私は、日本政府が迅速な行動をとり、東京地裁判決を正すことの重要性を強調した。…略…私は、日本の法制度のことをよく知らないものの、日本政府がとり得る方策は二つあると理解していると述べた。
1．東京地裁判決を上級裁判所〔東京高裁〕に控訴すること。
2．同判決を最高裁に直接、上告〔跳躍上告〕すること。
私は、もし自分の理解が正しいなら、日本政府が直接最高裁に上告することが、非常に重要だと個人的には感じている。…略…藤山は全面的に同意すると述べた。完全に確実とは言えないが、藤山は、日本政府当局が最高裁に跳躍上告することはできるはずだ、との考えであった。藤山は、今朝九時に開かれる閣議でこの上告を承認するように促したいと語った」

（新原昭治氏・布川玲子氏訳、『砂川事件と田中最高裁長官』布川玲子・新原昭治編著　日本評論社　二〇一三年）

外国の一大使が密かに、駐在先の独立国の外務大臣に対して、その国の裁判所で下された

＊藤山愛一郎（ふじやま・あいいちろう）

一八九七年、東京生まれ。慶応大学政治学科中退（病気療養のため）。新興財閥「藤山コンツェルン」の二代目総帥。日東化学工業（現三菱レイヨン）社長などを歴任した。日本商工会議所（日商）会頭も務める。

一九五七年、岸信介首相に請われ、財界から政界入りし、外務大臣や経済企画庁長官を歴任。五八年から六〇年にかけて、日米安保改定交渉にあたる。六〇年の岸退陣後は、自民党総裁選に出馬したが敗れる。党内で藤山派を結成し、佐藤栄作政権時代も総裁選に挑んだが、敗れた。中国との国交回復や貿易促進にも尽力した。七六年、政界を引退し、八五年に死去。

判決内容に不満があるから、それをくつがえすために迅速な異例の跳躍上告をうながす──。事実上、跳躍上告を迫っているともいえるその行為は、露骨な内政干渉、主権侵害にほかならない。驚くべき事態だ。

この「極秘」電報はじめ以下一連の秘密電報（公文書）は、日本への米軍の核持ち込み密約など日米密約問題に詳しい国際問題研究者の新原昭治氏が、二〇〇八年四月、アメリカ国立公文書館で発見した。アメリカの情報自由法（情報公開法）にもとづき秘密指定解除のうえ公開されたものだ。

なお、アメリカ政府の解禁秘密文書に見られる文書の秘密区分は、機密度の高い順から「機密」（トップ・シークレット）、「極秘」（シークレット）、「秘」（コンフィデンシャル）、「部外秘」（オフィシャル・ユース・オンリー）に分類されている。

秘密電報が伝える日米両政府の連携の内幕

マッカーサー大使は続けて日本の外務省当局者と緊密に連絡を取り合って、日本政府の対応ぶりを把握していた。やはり三月三一日のアメリカ大使館から国務長官への「秘」電報に、こう記されている。

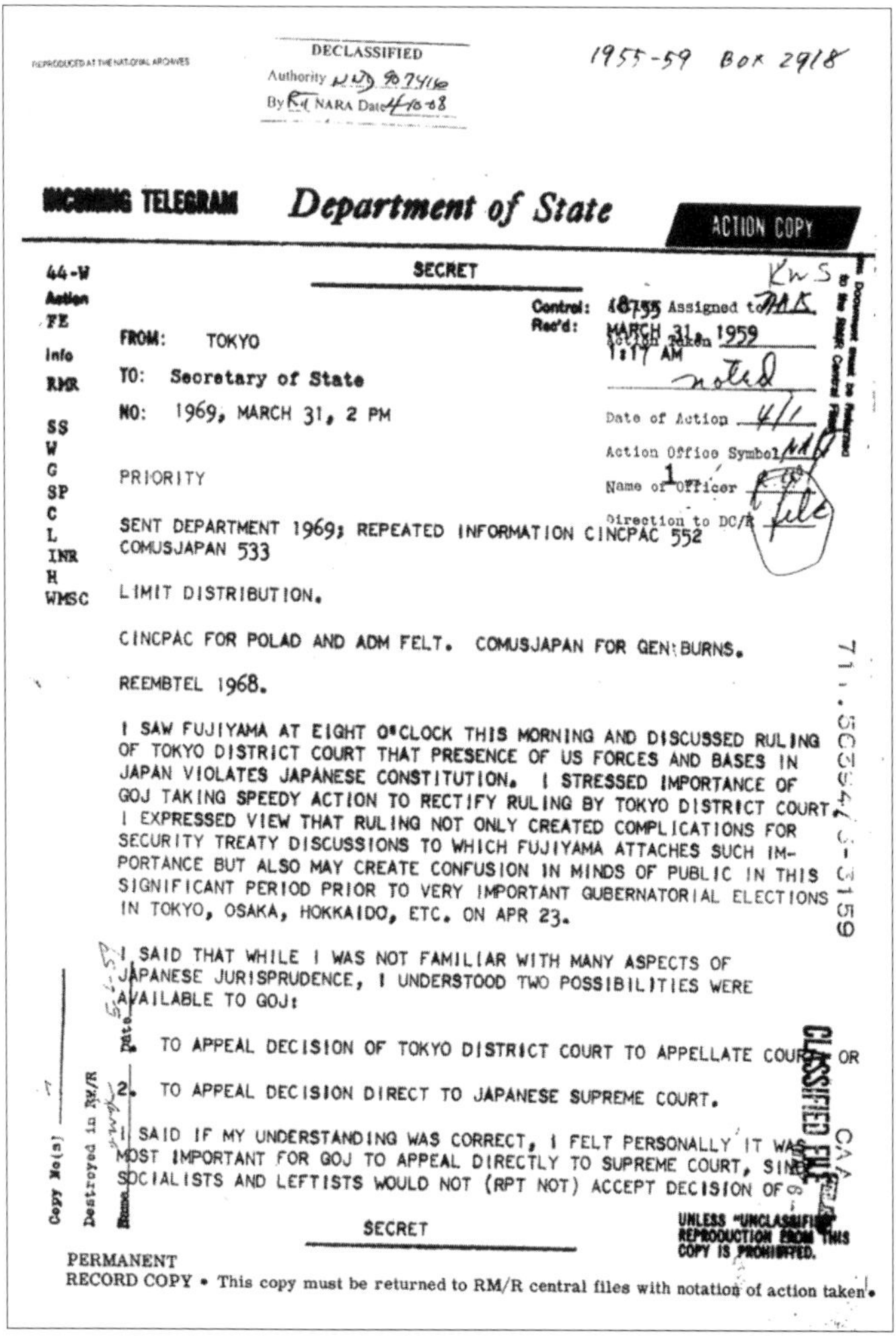

REPRODUCED AT THE NATIONAL ARCHIVES

DECLASSIFIED
Authority NND 907416
By RL NARA Date 4/10/08

1955-59 Box 2918

INCOMING TELEGRAM *Department of State* ACTION COPY

SECRET

44-W
Action
FE
Info
RMR
SS
W
G
SP
C
L
INR
H
WMSC

Control: 18755 Assigned to MAK
Rec'd: MARCH 31, 1959
1:17 AM

FROM: TOKYO
TO: Secretary of State
NO: 1969, MARCH 31, 2 PM

Date of Action 4/1
Action Office Symbol NA
Name of Officer
Direction to DC/R file

PRIORITY

SENT DEPARTMENT 1969; REPEATED INFORMATION CINCPAC 552
COMUSJAPAN 533

LIMIT DISTRIBUTION.

CINCPAC FOR POLAD AND ADM FELT. COMUSJAPAN FOR GEN BURNS.

REEMBTEL 1968.

I SAW FUJIYAMA AT EIGHT O'CLOCK THIS MORNING AND DISCUSSED RULING OF TOKYO DISTRICT COURT THAT PRESENCE OF US FORCES AND BASES IN JAPAN VIOLATES JAPANESE CONSTITUTION. I STRESSED IMPORTANCE OF GOJ TAKING SPEEDY ACTION TO RECTIFY RULING BY TOKYO DISTRICT COURT. I EXPRESSED VIEW THAT RULING NOT ONLY CREATED COMPLICATIONS FOR SECURITY TREATY DISCUSSIONS TO WHICH FUJIYAMA ATTACHES SUCH IMPORTANCE BUT ALSO MAY CREATE CONFUSION IN MINDS OF PUBLIC IN THIS SIGNIFICANT PERIOD PRIOR TO VERY IMPORTANT GUBERNATORIAL ELECTIONS IN TOKYO, OSAKA, HOKKAIDO, ETC. ON APR 23.

I SAID THAT WHILE I WAS NOT FAMILIAR WITH MANY ASPECTS OF JAPANESE JURISPRUDENCE, I UNDERSTOOD TWO POSSIBILITIES WERE AVAILABLE TO GOJ:

1. TO APPEAL DECISION OF TOKYO DISTRICT COURT TO APPELLATE COURT OR

2. TO APPEAL DECISION DIRECT TO JAPANESE SUPREME COURT.

I SAID IF MY UNDERSTANDING WAS CORRECT, I FELT PERSONALLY IT WAS MOST IMPORTANT FOR GOJ TO APPEAL DIRECTLY TO SUPREME COURT, SINCE SOCIALISTS AND LEFTISTS WOULD NOT (RPT NOT) ACCEPT DECISION OF

711.5634/3-3159

CLASSIFIED FILE

SECRET

UNLESS "UNCLASSIFIED" REPRODUCTION FROM THIS COPY IS PROHIBITED.

Copy No(s)
Destroyed in RM/R
Date
Name

PERMANENT
RECORD COPY • This copy must be returned to RM/R central files with notation of action taken •

マッカーサー大使が藤山外相に砂川事件裁判での最高裁への跳躍上告をうながした事実が書かれた「極秘」電報（1959年3月31日付）新原昭治氏提供

「今夕、外務省当局者は、日本政府が東京地裁判決を最高裁に跳躍上告するか、それともまず東京高裁に控訴するかをめぐって、いまだ結論に到達していないと知らせてきた。どちらの選択肢をとることがより望ましいかで議論の余地があるらしく、目下、法務省で緊急に検討中である。外務省当局者は、いまの状況をなるべく早くすっきりと解決することが望ましいことは十分認識している」（同前）

翌四月一日、マッカーサー大使はまたも藤山外相と内密に会い、国務長官に「秘」電報で経過報告をした。

「藤山が本日、内密に会いたいと言ってきた。藤山は、これまでの数多くの判決によって支持されてきた〔政府の〕憲法解釈が、砂川事件の上訴審でも維持されるであろうということに、日本政府は完全な確信を持っていることを、アメリカ政府に知ってもらいたいと述べた。法務省は目下、高裁を飛び越して最高裁に跳躍上告する方法を検討中である。

最高裁には三〇〇〇件を超える係争中の案件がかかっているが、最高裁は本事件に優先権を与えるであろうことを政府は信じている。とはいえ、藤山が述べたところによると、現在の推測では、最高裁が優先的考慮を払ったとしても、最終判決を下すまでにはやはり三ヵ月ないし四ヵ月を要するであろうということである」（同前）

これらの電文からは、当時の岸信介*政権がマッカーサー大使の働きかけに応じて積極的に対応している様が浮かび上がる。

そして四月三日、大使の望みどおりに跳躍上告が決められた。その情報はいち早く、岸首相の側近、福田赳夫《たけお》・自民党幹事長（当時）から大使に知らされた。その日の国務長官宛て「秘」電報に、こう記されている。

「自民党の福田幹事長は、内閣と自民党が今朝、政府は日本における米軍基地と米軍駐留に関する東京地裁判決を最高裁に直接上告することに決定した、と私に語った」（同前）

さらに、同日の国務長官宛て「秘」電報でも関連情報を報告している。

「法務省は本日、砂川事件に関する東京地裁伊達判決を、東京高裁を飛び越して直接最高裁に上告することに決めたと発表した。外務省当局者がわれわれに語ったところによると、法務省は近く最高裁に提出予定の上告趣意書を準備中だという。…略…政府幹部は伊達判決が覆されることを確信しており、案件の迅速な処理に向けて圧力をかけようとしている」（同前）

アメリカ政府の意向を受けた日本政府が、最高裁での「迅速な処理」に向け、強い政治的影響力を行使したことがうかがえる。行政から司法への何らかの「圧力」があったのではないだろうか。それは三権分立という民主主義の原則を侵すものだ。

これら駐日アメリカ大使館から国務長官に宛てた一連の秘密電報は、「同文情報提供」扱い（同じ内容の文書をそのまま他の関係部署に送ること）の指示がなされ、在日米軍司令部と、その上部組織でハワイにある太平洋軍司令部（現インド太平洋軍司令部）にも転送されていた。米軍の上層部もこの問題に強い関心を寄せていたと考えられる。

＊岸信介（きし・のぶすけ）

一八九六年、山口県生まれ。東京帝国大学法学部卒業。一九二〇年に農商務省に入省し、商工省を経て、三六年に当時の「満州国」実業部総務司長として渡満。産業部次長に就任し、産業開発・工業化に力を振るう。軍部と連携し国家改造を目指す「革新官僚」の中心人物として、四一年に東条英機内閣の商工大臣に就任。国家総動員体制の中枢を担う。

一九四五年の日本敗戦後、A級戦犯容疑で逮捕されたが、東京裁判では不起訴。五二年に公職追放を解除され、当時の日本民主党の創立に参画し、幹事長となる。五五年の保守合同を推進し、五七年、自民党総裁、総理大臣に就任。六〇年に安保改定を強行して退陣。その後も党内で岸派を率いて、政界で改憲・再軍備論者として大きな影響力を持つ。八七年に死去。

最高裁長官に接触し内部情報を得る大使

そして、マッカーサー大使は当時の田中耕太郎最高裁長官にまで密かに接触し、最高裁での審理について感触を得ようとしていた。一九五九年四月二四日、大使館発、国務長官宛て「秘」電報に、こう記している。

「外務省当局者がわれわれに知らせてきたところによると、上訴についての大法廷での審理は、おそらく七月半ばに開始されるだろう。とはいえ、現段階では判決の時機を推測するのは無理である。

内密の話し合いで田中最高裁長官は、大使に、本件には優先権が与えられているが、日本の手続きでは審理が始まったあと判決に到達するまでに、少なくとも数ヵ月かかると語った」（同前）

裁判の審理を始めるのはいつか、公判は何回開くのか、裁判官たちが評議をして判決を出すまでの期間はどれくらいかなど、裁判の日程・手続きを決めるのは最高裁判所だ。だから、最高裁が「優先的考慮」を払うかどうか、「迅速な処理」がされるかどうか、できるだけ短い期間内に日米両政府が望む逆転判決が得られるかどうか、それらの鍵を握っているのは当然、最高裁であり、特にトップの最高裁長官の意向が重みを持つ。

当時そのポストにいたのが、田中長官である。いわばキーマンにあたる。ところが、その当人がアメリカ大使に内密に、「本件には優先権が与えられている」と最高裁の内部情報を告げていたのである。

これは大いに問題のある行為だ。前出のマッカーサー大使から国務長官への「秘」電報（四月一日）に、「最高裁には三〇〇〇件を越える係争中の案件がかかっている」とあるように、最高裁は常に膨大な上告案件をかかえている。

しかし、通常はほとんどが書類審議だけで棄却され、その結果が突然、訴訟の当事者に知らされる。小法廷や大法廷で公判や口頭弁論が開かれて審理されるケースはごくわずかである。特定の案件に関して「優先権が与えられている」と、最高裁長官が内密に教えてくれるなど、通常では決してありえない。

しかも、米軍基地への正当な理由のない（許可なき）立ち入りという刑特法違反が問われた砂川事件で、アメリカ政府は法的な被害者の立場にある。また、日米安保条約にもとづく米軍の駐留は合憲か違憲かも裁判の争点となっていた。

だから、被害者の立場にあるアメリカ政府を代表する駐日大使は、裁判の一方の当事者にあたる。そのような立場の人物に、最高裁長官ともあろう者が内部情報を漏らすとは、きわ

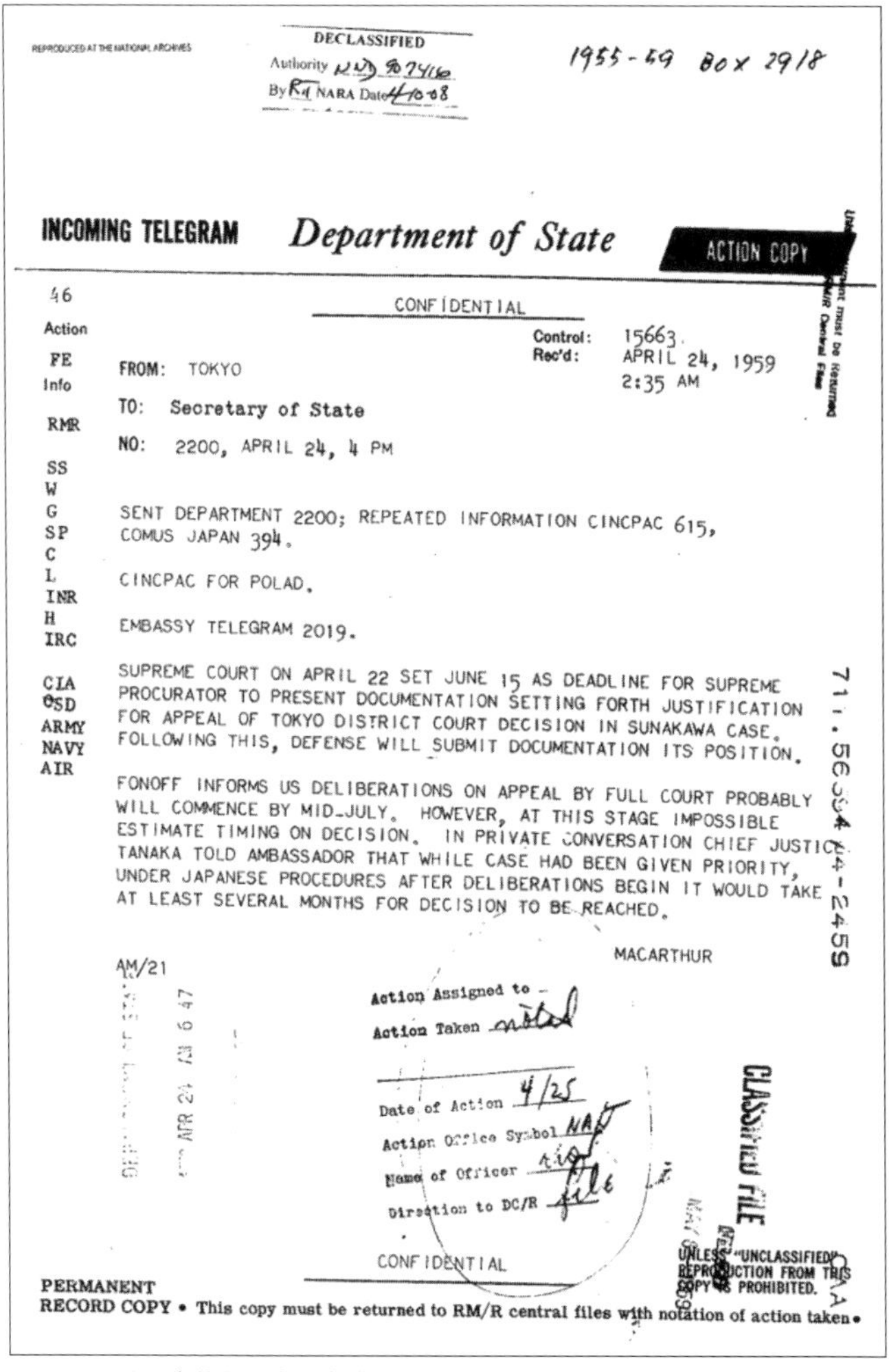

REPRODUCED AT THE NATIONAL ARCHIVES

DECLASSIFIED
Authority NND 907416
By RW NARA Date 4-10-08

1955-59 Box 2918

INCOMING TELEGRAM *Department of State* ACTION COPY

46
Action
FE
Info
RMR
SS
W
G
SP
C
L
INR
H
IRC
CIA
OSD
ARMY
NAVY
AIR

CONFIDENTIAL

Control: 15663
Rec'd: APRIL 24, 1959
2:35 AM

FROM: TOKYO

TO: Secretary of State

NO: 2200, APRIL 24, 4 PM

SENT DEPARTMENT 2200; REPEATED INFORMATION CINCPAC 615, COMUS JAPAN 394.

CINCPAC FOR POLAD.

EMBASSY TELEGRAM 2019.

SUPREME COURT ON APRIL 22 SET JUNE 15 AS DEADLINE FOR SUPREME PROCURATOR TO PRESENT DOCUMENTATION SETTING FORTH JUSTIFICATION FOR APPEAL OF TOKYO DISTRICT COURT DECISION IN SUNAKAWA CASE. FOLLOWING THIS, DEFENSE WILL SUBMIT DOCUMENTATION ITS POSITION.

FONOFF INFORMS US DELIBERATIONS ON APPEAL BY FULL COURT PROBABLY WILL COMMENCE BY MID-JULY. HOWEVER, AT THIS STAGE IMPOSSIBLE ESTIMATE TIMING ON DECISION. IN PRIVATE CONVERSATION CHIEF JUSTICE TANAKA TOLD AMBASSADOR THAT WHILE CASE HAD BEEN GIVEN PRIORITY, UNDER JAPANESE PROCEDURES AFTER DELIBERATIONS BEGIN IT WOULD TAKE AT LEAST SEVERAL MONTHS FOR DECISION TO BE REACHED.

MACARTHUR

711.56354-2459

AM/21

APR 24 AM 6 47

Action Assigned to -
Action Taken noted
Date of Action 4/25
Action Office Symbol NA
Name of Officer
Direction to DC/R file

CLASSIFIED FILE

CONFIDENTIAL

UNLESS "UNCLASSIFIED" REPRODUCTION FROM THIS COPY IS PROHIBITED.

PERMANENT RECORD COPY • This copy must be returned to RM/R central files with notation of action taken •

マッカーサー大使と田中最高裁長官の第１回密談の報告を記した「秘」電報（1959年４月24日付）新原昭治氏提供

めて由々しき事態だ。

これでは裁判の公正さは保たれようがない。憲法七六条は「すべて裁判官は、その良心に従い独立してその職権を行い、この憲法及び法律にのみ拘束される」と定めている。これは司法の独立という大原則だ。ところが、最高裁長官がみずから司法の独立性に疑念を抱かせることをしていたのである。

なお、マッカーサー大使が田中長官との密談を本国に報告したとき、国務長官は交代していた。一九五九年四月一五日にダレス国務長官が病気のため辞任し、後任にハーター国務次官が昇格したのだった。

最高裁長官と大使館首席公使の密談

「米軍の駐留は憲法違反」という「伊達判決」が、もしも最高裁でくつがえされずに確定したら、米軍の日本駐留の根拠が根本からゆらいでしまう。だから、それを防ぐべくマッカーサー大使を先頭にアメリカ政府は内政干渉といえる政治的工作に出た。最高裁での逆転判決を強く欲していたのであろう。

最高裁で「米軍の駐留は合憲」の判決が下されたら、それは権威ある最高裁の判例として確定する。そうなれば、以後、他の米軍基地がらみの裁判、違憲訴訟が起こされても、その最高裁判例が下級審の地裁や高裁に強い影響を与える。実質的な縛りをかけ、「米軍の駐留は違憲」の判決を下しにくくなる。実質的には下せなくなる。

いわば米軍駐留のお墨付きが得られるのである。それは全国各地の反基地運動、反安保運動を抑え込むことにもつながる。安保改定への障害も取り除かれ、日米安保体制はより安定する。そのようにアメリカ政府も米軍も考えていたはずだ。当然、日本政府もそう考えていただろう。

だから、「伊達判決」をくつがえすべく最高裁への跳躍上告がなされ、最高裁での審理について「優先権が与えられている」という内部情報を、マッカーサー大使が田中長官から得たあとも、アメリカ大使館側は裁判の進行状況に関する情報を得ようとして、再び田中長官に接触していた。

一九五九年八月三日、アメリカ大使館から国務長官宛てに発送された「秘」航空書簡に、砂川裁判をめぐる田中長官と大使館のレンハート首席公使（マッカーサー大使の部下）の密談の報告が書かれている。

「共通の友人宅での会話の中で、田中耕太郎裁判長は、在日米大使館首席公使に対し砂川事件の判決は、おそらく一二月であろうと今考えていると語った。弁護団は、裁判所の結審を遅らせるべくあらゆる可能な法的手段を試みているが、裁判長は、争点を事実問題ではなく法的問題に閉じ込める決心を固めていると語った。

こうした考えのうえに立ち、彼は、口頭弁論は、九月初旬に始まる週の一週につき二回、いずれも午前と午後に開廷すれば、およそ三週間で終えることができると確信している。問題は、その後で生じるかもしれない。というのも、彼の一四人の同僚裁判官たちの多くが、それぞれの見解を長々と弁じたがるからである。裁判長は、結審後の評議は実質的な全員一致を生み出し、世論を〝揺さぶる〟素になる少数意見を回避するようなやり方で運ばれることを願っていると付言した」（同前）

なんと田中長官はアメリカの外交官相手に、裁判の進め方や判決を導き出す方針などをあからさまに語っていたのである。

この文書の存在は、日米密約問題を調査するジャーナリストの末浪靖司氏が、二〇一一年にアメリカ国立公文書館で入手した砂川事件裁判の関連文書から明らかになった。田中長官とアメリカ大使館関係者が一九五九年七月に接触していた事実を示唆する、同大使館から国務長官宛て航空書簡を、安全保障上の理由で閲覧禁止にするとの通告書が、関連文書に含まれていたのだ。

その書簡番号と日付を記した通告書をもとに、布川玲子・元山梨学院大学教授が二〇一三年一月、同公文書館に情報自由法にもとづき開示請求をして文書を入手したのだった。

裁判情報を漏らす最高裁長官

レンハート首席公使との密談で田中長官は、「砂川事件の判決は、おそらく一二月であろうと今考えている」と語っていた。実際、最高裁判決は一九五九年一二月一六日に言い渡された。

また、「口頭弁論は、九月初旬に始まる」という情報も伝えられていた。この「秘」書簡は一九五九年八月三日発送のものだが、レンハート首席公使がこの報告文書を作成したのは、同年七月三一日である。だから首席公使と田中長官が会ったのは、それ以前ということになる。

砂川裁判の最高裁での公判日程（口頭弁論を九月七日から、九月中に六回開く）が公表されたのは、同年八月四日だった。つまり、公表前に田中長官の口からアメリカ大使館側に、口頭弁論の開始時期が密かに知らされていたのである。

そして口頭弁論は、「週の一週につき二回、いずれも午前と午後に開廷すれば、およそ三週間で終えることができる」という情報も渡っていた。実際、最高裁での口頭弁論は一九五九年九月七日、九日、一一日、一四日、一六日、一八日と六回だけ開かれ、三週間もかからず二週間のうちに終了した。

アメリカ政府も、米軍も、最高裁長官本人の口から最も確度の高い情報を密かに、しかもいち早く入手していたのである。通常、関係者以外は知り得るはずがない最高裁の内部情報そのものだ。

外務省当局者がマッカーサー大使に告げていたように、「案件の迅速な処理」に向けてスピード審理の日程が組まれたのだった。それは、安保条約改定に対する反対運動が広がらないうちに、「米軍の駐留は合憲」の逆転判決によるお墨付きを得て、早く改定の調印にこぎつけたい日米両政府の思惑とも合致していた。

レンハート首席公使の報告には、「〔田中〕裁判長は、争点を事実問題ではなく法的問題に閉じ込める決心を固めていると語った」と書かれている。つまり裁判の争点を法律の解釈の問題に限定するとの田中長官の決意が示されている。

「事実問題ではなく」という点には、砂川事件の背景すなわち日米安保条約にもとづく駐留米軍の実態に、詳しく立ち入った審理はしない方針がうかがえる。特に当時、「台湾海峡危機」と呼ばれ問題となっていた、台湾海峡での中国政府と台湾政府の軍事的対立・武力衝突に伴う、在日米軍部隊や米海軍第七艦隊の出動など現実の事態と、日本が戦争に巻き込まれる危険性について論議を避けようという考えがにじみでている。

とにかく争点を絞り込んで、スピード審理を通じて、早く判決を出そうという方針を、田中長官は立てていたようだ。

さらに、「結審後の評議は、実質的な全員一致」の方向で行きたいという田中長官の意向も告げられていた。判決にいたる裁判官どうしの評議での、裁判長としての方針までもアメリカ側に伝わっていたのである。

これらもまた最高裁の内部情報にほかならず、本来漏らしてはいけないものだ。それを田中長官は、裁判の一方の当事者にあたるアメリカ大使館すなわちアメリカ政府に提供していた。司法のトップにある最高裁長官がみずからの手で、司法の公平性を大きくそこねていたのである。

砂川事件裁判の争点

最高裁での公判日程が公表されたのが八月四日。そして、九月七日から口頭弁論が始まった。大法廷の正面裁判官席には、田中耕太郎裁判長など一五人の裁判官が並んだ。検察側は清原邦一検事総長ら、弁護団側は海野普吉主任弁護人らが、それぞれの主張を唱え、論戦を交わした。

『読売新聞』(一九五九年九月六日朝刊)の記事「砂川裁判の争点」など、新聞各紙で報じられた一連の公判での口頭弁論の争点、双方の弁論内容をまとめると、まず検察側はおおむね次のように主張した。

「憲法九条二項で保持が禁じられている戦力とは、日本国に指揮管理権のある戦力を意味する。日本に駐留する米軍が、日本政府の依頼で日本の防衛のために出動する可能性があったとしても、日本国には米軍に対する指揮管理権がないので、米軍は日本の戦力とはいえず、よって憲法九条に違反していない。

外国の軍隊が駐留する場合、受け入れ国はその外国軍隊に対して特別の保護を与えることは国際的な慣行である。したがって、安保条約にもとづき駐留する米軍の基地について特別の保護を与える刑特法には、合理的理由があり、憲法三一条（「何人も、法律の定める手続によらなければ、その生命若《も》しくは自由を奪われ、又はその他の刑罰を科せられない」）に違反しているわけではない。

安保条約のような高度の政治問題・外交問題について、司法権には限界というものがあり、条約が合憲か違憲かを審査する権利は裁判所にはない。外国軍隊を駐留させるか否かは、もっぱら内閣および国会にゆだねられるべき政策問題であり、本来憲法九条の関与することではない。条約の締結は政府による統治行為であり、司法審査の対象からは除外される」

一方、弁護側の主張の大要は次のとおりである。

「憲法は自衛戦争も含めて一切の戦力の保持を禁止している。憲法上みずから戦力保持を禁じたのに、政府の行為で条約を結び、米国の戦力を誘致することは、指揮管理権の有無にかかわらず憲法違反である。憲法九条は、わが領土内に一切の戦力を存在させることを禁止したもので、指揮管理権があるかどうかは問題にならない。

米軍の駐留は憲法九条に違反しているので、米軍の基地について特別の保護を与える刑特法には、合理的理由がなく、憲法三一条に違反する。憲法一三条（個人の尊重）、一四条（法の下の平等）にも違反する。

条約の締結は憲法改正より簡単な手続きでおこなわれるので、条約よりも憲法が優位にある。憲法が裁判所に違憲審査権を認めたのは、裁判所が『憲法の番人』であることを認めたからだ。それは、憲法の厳正な解釈適用を保障し、国会や政府の専横な行為で国民の人権が侵害された場合、これを保障救済しようとするためである。政府の行為はいわゆる統治行為として司法審査から除外されるという説は、法治主義に徹して人権を擁護するための裁判所に違憲審査権を認めた憲法の条文から見て容認できない」

このように米軍の駐留は合憲か違憲か、安保条約など条約に関して裁判所に違憲審査権はあるのかないのか、双方の主張は正反対であり、鋭く対立していた。

裁判の公平性を侵害する裁判情報の漏洩

一九五九年九月一八日、最高裁での砂川事件裁判は全六回の口頭弁論を終えた。田中長官、マッカーサー大使、そして岸政権の思惑どおり、異例の早さで事は進んだ。同年一一月、マッカーサー大使は再び田中長官と密談を交わした。判決の見通しなどについて感触を得るためだったのだろう。一一月五日発送のアメリカ大使館から国務長官宛て「極秘」航空書簡で、マッカーサー大使がその内容を報告している。この書簡は、ジャーナリストの末浪靖司氏が二〇一一年九月にアメリカ国立公文書館で発見した。

「田中最高裁長官との最近の非公式の会談の中で砂川事件について短時間話し合った。長官は、時期はまだ決まっていないが、最高裁が来年の初めまでには判決を出せるようにしたいと言った。彼は、一五人の裁判官全員について最も重要な問題は、この事件に取り組むさいの共通の土俵をつくることだと見ていた。できれば、裁判官全員が一致して適切で現実的な基盤に立って事件に取り組むことが重要だと、田中長官は述べた。裁判官の幾人かは『手続き上』の観点から事件に接近しているが、他の裁判官は『法律上』の観点から見ており、また他の裁判官は『憲法上』の観点から問題を考えている、ということを長官は示唆した。

（裁判官のうち何人かは、伊達判事を裁判長とする第一審の東京地裁には、合衆国軍隊駐留の合憲性について裁定する権限はなく、もともと［基地への］不法侵入という事件についてそれを裁くだけの法的権限しかなく、事件特有の問題をこえてしまっているという、厳密な手続き上の理由に結論を求めようとしていることが私にはわかった。

他の裁判官は、最高裁はさらに進んで、米軍駐留により提起されている法律問題それ自体に取り組むべきだと思っているようである。

また、他の裁判官は、日本国憲法のもとで、条約は憲法より優位にあるかどうかという大きな憲法上の問題に取り組むことを望んでいるのかもしれない。）

田中最高裁長官は、下級審の判決が支持されると思っているという様子は見せなかった。反対に、彼は、それは覆されるだろうが、重要なのは一五人のうちのできるだけ多くの裁判官が憲法問題に関わって裁定することだと考えているという印象だった。こうした憲法問題に［下級審の］伊達判事が口出しするのはまったく誤っていたのだ、と彼は述べた」

（末浪氏訳／『対米従属の正体』末浪靖司著　高文研　二〇一二年）

法廷の審理を終え、判決に向かって一五人の裁判官たちが重要な評議（合議）をしているこの時期。驚くべきことに、裁判長として評議をまとめてゆく立場にある最高裁長官が、裁判の一方の当事者のアメリカ政府を代表する大使と密かに会い、判決を出すおよその時期と判決内容の見通しまで伝えていたのである。

田中長官は「来年の初めまでには判決を出せるようにしたい」と、判決時期のめどを期限を切るかのように明らかにしていた。

一五人の裁判官がどのような観点から問題を考えているかについても、それぞれ「手続き上」「法律上」「憲法上」の三つの観点があると具体的に示していた。そのうえで、全員が一致した「基盤に立って」取り組み、判決にいたるのが大事だと指摘している。

下級審すなわち東京地裁の「伊達判決」はくつがえされるだろうと、アメリカ側が最も知りたかったであろう判決の見通しの情報まで伝えている。

さらに、「伊達判決」をくつがえすにあたっては、「できるだけ多くの裁判官が憲法問題に関わって裁定すること」が重要だとして、米軍の駐留は合憲と太鼓判を押すような最高裁判例にしたい思惑ものぞかせている。

そして、「こうした憲法問題に伊達判事が口出しするのはまったく誤っていたのだ」と断言し、「伊達判決」への反感をあらわにしている。

このように最高裁大法廷の内幕と予想される判決内容を述べる田中長官の言動からは、「伊達判決」をくつがえして、米軍駐留を合憲とする逆転判決が、裁判官一五人の全員一致で出されるよう、裁判長として「この事件に取り組む際の共通の土俵」をつくるべく、裁判の評

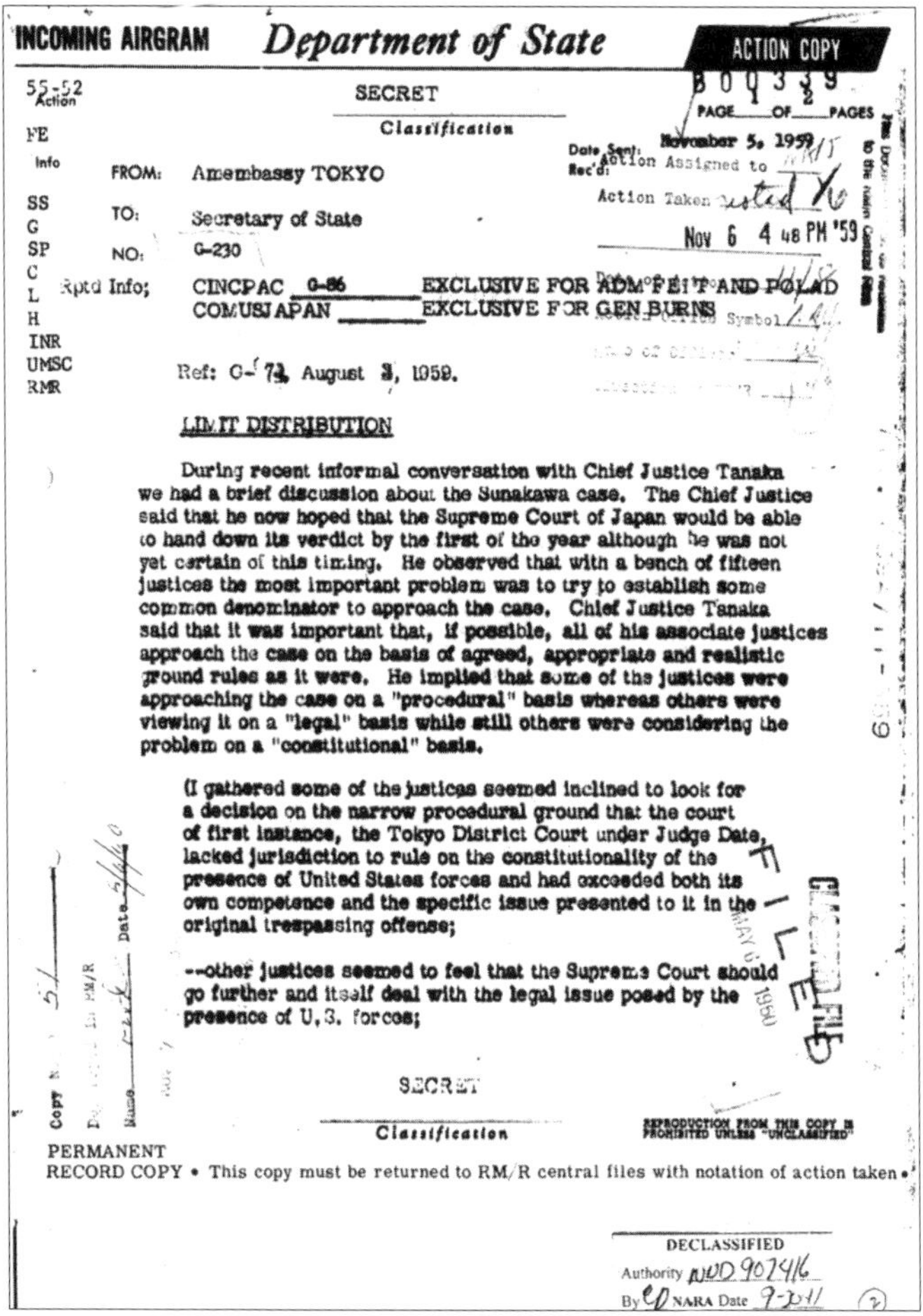

INCOMING AIRGRAM **Department of State** ACTION COPY

SECRET

Classification

PAGE 1 OF 2 PAGES

Action 55-52

FE

Info

SS G SP C L H INR UMSC RMR

FROM: Amembassy TOKYO

TO: Secretary of State

NO: G-230

Rptd Info; CINCPAC G-86 EXCLUSIVE FOR ADM FELT AND POLAD
COMUSJAPAN EXCLUSIVE FOR GEN BURNS

Date Sent: November 5, 1959

Action Assigned to

Action Taken

Nov 6 4 48 PM '59

Ref: G-73, August 3, 1959.

LIMIT DISTRIBUTION

During recent informal conversation with Chief Justice Tanaka we had a brief discussion about the Sunakawa case. The Chief Justice said that he now hoped that the Supreme Court of Japan would be able to hand down its verdict by the first of the year although he was not yet certain of this timing. He observed that with a bench of fifteen justices the most important problem was to try to establish some common denominator to approach the case. Chief Justice Tanaka said that it was important that, if possible, all of his associate justices approach the case on the basis of agreed, appropriate and realistic ground rules as it were. He implied that some of the justices were approaching the case on a "procedural" basis whereas others were viewing it on a "legal" basis while still others were considering the problem on a "constitutional" basis.

(I gathered some of the justices seemed inclined to look for a decision on the narrow procedural ground that the court of first instance, the Tokyo District Court under Judge Date, lacked jurisdiction to rule on the constitutionality of the presence of United States forces and had exceeded both its own competence and the specific issue presented to it in the original trespassing offense;

--other justices seemed to feel that the Supreme Court should go further and itself deal with the legal issue posed by the presence of U.S. forces;

FILE

SECRET

Classification

REPRODUCTION FROM THIS COPY IS PROHIBITED UNLESS "UNCLASSIFIED"

PERMANENT RECORD COPY • This copy must be returned to RM/R central files with notation of action taken •

DECLASSIFIED
Authority NND 907416
By NARA Date 9-2011

マッカーサー大使と田中最高裁長官の第２回密談の報告を記した「極秘」航空書簡（1959 年 11 月 5 日発送）末浪靖司氏提供

議をリードしようと考えていたことがわかる。一五人の裁判官の全員一致で逆転判決が下されるなら、米軍駐留の合憲性に全員が賛成ということになり、最高裁判決の権威はより高まる。

マッカーサー大使は最高裁長官の口からこのような極秘情報を聞いて、内心、我が意を得たり、と思ったのではないだろうか。

裁判所法に反する田中長官の情報漏洩

しかし、こうした田中長官の言動は、裁判官が絶対に守らなければならない裁判所法に明らかに違反している。裁判所法第七五条（評議の秘密）は、こう定めている。

「評議は、裁判長が、これを開き、且つこれを整理する。その評議の経過並びに各裁判官の意見及びその多少の数については、この法律に特別の定めがない限り、秘密を守らなければならない」

最高裁は憲法の番人ともいわれる。その長官で、全国の裁判所・裁判官のトップに立ち、率先して裁判所法を、そして法律全般を守らねばならない人物、いわば日本の司法の最高責任者ともいうべき人間が、みずから法に背いて判決の見通し、裁判官たちの観点など評議の秘密を漏らしていたのである。憲法三七条が保障する裁判の公平性と七六条の司法の独立性を大きくそこない、侵害する行為にほかならない。これでは公平・公正な裁判になるはずがない。

「このような事実は、アメリカの公文書が秘密指定解除され公開されて、初めてわかったことです。もしも一九五九年当時に明らかになっていたら、当然大問題となり、裁判官忌避《きひ》はもちろん、田中長官は弾劾《だんがい》裁判にもかけられて罷免されていたはずです。それほど深刻な問題なのです」と、砂川国賠訴訟の弁護団代表である武内更一弁護士は指摘する。

裁判官忌避とは、裁判の公平、公正、信頼性を確保するための司法制度である。裁判官が「事件やその当事者と特殊な関係」にあり、「その事件に関与することが裁判の公正と信用からみて適当でない場合」に、その事件について裁判官としての職務を執行できなくさせられる。被告や原告といった裁判の当事者から、「不公正な裁判をされるおそれがある」として、裁判官忌避の申し立てがなされ、裁判所がその申し立てに理由があると認めたときに、その事件について裁判官の職務執行ができなくなる（『法律学小辞典』金子宏・新堂幸司・平井宜雄編　有斐閣　二〇〇八年）。

田中長官がマッカーサー大使らと複数回、内密に会って砂川事件裁判に関するさまざまな情報を伝えていたのは、まさに裁判官が「事件やその当事者と特殊な関係」にあったことを意味する。したがって、田中長官が裁判官として「その事件に関与すること」は、「裁判の公正と信用からみて適当でない場合」に当てはまるのは言うまでもない。

この事実が当時明らかになっていたら、裁判官忌避により砂川事件裁判に関する職務の執行はできなくなっていたはずだ。しかも、それだけではすまず、憲法六四条「国会は、罷免の訴追を受けた裁判官を裁判するため、両議院の議員で組織する弾劾裁判所を設ける」にもとづき、弾劾の裁きを受け、罷免されていたかもしれない。

裁判官弾劾法では、職務上の義務の著しい違反、職務のはなはだしい怠慢、裁判官の威信を著しく失う非行があったときは、裁判官を罷免されると定めている。田中長官の裁判情報の漏洩は、この職務上の義務の著しい違反に該当するとしか言いようがない。

当時、田中長官からマッカーサー大使らへの情報漏洩は、当人たちとアメリカ大使館・国務省・米軍のごく一部の関係者以外、誰も知らなかった。しかし、仮になんらかのかたちで事実が明らかになっていたら、きっと大騒動になっただろう。それほど田中長官の行為は深刻な問題で、裁判所史きわめて大きな汚点なのである。

米軍駐留を合憲とした砂川最高裁判決

最高裁での判決は一九五九年一二月一六日。「伊達判決」を破棄し、東京地裁に差し戻す逆転判決だった。裁判官一五人の全員一致で「米軍の駐留は違憲ではない」との判断が下された。一審で無罪判決を受けていた七人の被告は、あらためて東京地裁でのやり直し裁判で裁かれることになった。

新聞各紙の夕刊一面には、「最高裁〝伊達判決〟を破棄」「米軍の駐留は合憲」「最高裁、全員一致で判決」「安保条約審査は不適当」などの見出しが躍った。『読売新聞』夕刊の記事は、法廷の光景を次のように表している。

「この日の跳躍上告審判決公判は、田中耕太郎裁判長ら十五裁判官、最高検から清原邦一検事総長以下、村上朝一公判部長、井本台吉公安部長、吉河光貞公安部検事、弁護団から海野普吉、佐伯静治正副主任弁護人をはじめ元最高裁判事真野毅氏ら三十六人の代表弁護人が立会った。

傍聴席も被告、地元民のほか政界、学界など多くの文化人も姿を見せ、米ソ両陣営の外国特派員もつめかけるという国際的な視聴を集めて開かれた。

午前十時キッカリ、十五人の全裁判官が入廷、ひとしきりフラッシュを浴びたあと十時四分、田中裁判長は『原判決を破棄、東京地裁へ差戻す』と判決主文を言い渡し、別項の判決要旨を朗読、同十時二十一分閉廷した」

それは田中長官の見通しどおりの判決だった。判決の主旨は以下のとおりだ。

「憲法九条はわが国が敗戦の結果、ポツダム宣言を受諾したことに伴い、軍国主義的行動を反省し、政府の行為によって再び戦禍が起ることのないよう決意した、憲法の平和主義を具体化した規定である。

憲法九条は戦争を放棄し、戦力の保持を禁止しているが、わが国が主権国家として持つ固有の自衛権は否定されていない。憲法の平和主義は決して無防備、無抵抗を定めたものではない。わが国が、自国の平和と安全を維持し、その存立を全うするために必要な自衛のための措置をとりうることは、国家固有の権能の行使として当然のことである。

日本国民は憲法九条二項により、戦力は保持しないが、わが国の防衛力の不足は、憲法前文でいわれているように、平和を愛好する諸国民の公正と信義に信頼することによって補い、安全と生存を保持しようと決意した。

そして、それは必ずしも原判決のいうように、国連の安全保障理事会などの軍事的安全措置などに限定されたものではない。憲法九条は、わが国がその平和と安全を維持するために他国に安全保障を求めること〔安保条約を結ぶ〕を禁ずるものではない。

憲法九条二項がその保持を禁止した戦力とは、わが国が主体となって指揮権・管理権を行使し得る戦力を意味する。つまり、それはわが国自体の戦力を指す。だから、わが国に

毎日新聞 夕刊
昭和34年(1959年) 12月16日

「砂川事件」東京地裁へ差戻し

最高裁、全員一致で判決

米軍の駐留は合憲

原判決は失当 「安保」審査権なし

〔主文〕原判決を破棄する。本件を東京地裁に差戻す。

支配した"既成事実"

憲法解釈、微妙な食違い

「判決」に相ついで声明

認められた自衛権

安保改定の正当性裏書き

裏切られた公正

〔関係者の見解〕

砂川最高裁判決を報じる『毎日新聞』1959年12月16日夕刊

駐留する外国の軍隊は、憲法九条二項が保持を禁止した戦力には該当しない。

　日米安保条約はわが国の存立の基礎に極めて重大な関係を持つ高度の政治性を有する。だから、その内容が違憲か合憲かの法的判断は、その条約を締結した内閣と、それを承認した国会の高度の政治的・自由裁量的判断と表裏を成す点が少なくない。それゆえ、違憲か合憲かの法的判断は、純司法的機能をその使命とする司法裁判所の審査には、原則としてなじまない。

　したがって、一見極めて明

白に違憲無効であると認められない限りは、裁判所の司法審査権の範囲外のものである。第一次的には、条約の締結権を有する内閣と、それに対して承認権を有する国会の判断に従うべく、終局的には、主権を有する国民の政治的批判に委ねられるべきものだ。

米軍の駐留は憲法九条、九八条二項、前文の趣旨に適合こそすれ、これらの条章に反して違憲無効であることが一見極めて明白であるとは、到底認められない。

原判決が、米軍の駐留は憲法九条二項前段に違反し、許すべからざるものと判断したのは、裁判所の司法審査権の範囲を逸脱し、同条項と憲法前文の解釈を誤ったものである。したがって、それを前提にして、刑特法第二条を違憲無効としたのは誤りであり、破棄する」

それは、検察側すなわち日本政府の主張にそった内容だった。「日本の指揮権・管理権の及ばない駐留米軍は、憲法九条が禁じた戦力には該当しない」ので違憲ではなく、「米軍の駐留は憲法の前文や九条などに適合こそすれ、一見極めて明白に違憲無効と認められない」ので、結果的に合憲とされた。日米両政府と米軍の望みどおりの判決だった。

アメリカ政府に高く評価された田中長官

マッカーサー大使は最高裁判決の翌日、一二月一七日の国務長官への「秘」電報で、田中長官の「手腕と政治的資質」を次のように絶賛した。

「最高裁大法廷判決が全員一致で判決を下したことは、多くが田中最高裁長官の手腕と政治的資質によるものであり、判決と法廷におけるその賢明な指導力は、彼が八月に計画した予定をこえて審理を引き延ばそうとした弁護団法律家たちの大変な取り組みを抑え込むことに成功しただけでなく、最後には一五人の裁判官による責任ある全員一致の判決をもたらした。本件での長官の貢献は日本の憲法の発展ばかりか、日本を自由世界に組み込むうえで画期となるものである。」（末浪氏訳／『対米従属の正体』）

大使はこの報告を書きながら、「伊達判決」をくつがえすべく藤山外相と密談を重ね、外務省当局者や自民党幹事長とも連絡を取り合った、政治的工作の成果を味わったことだろう。それは日米合作の、一種の「共謀」の成果ともいえる。そして、田中長官から密かに得た裁判情報の確度の高さにあらためて満足したことだろう。

大使は後に、最高裁判決は「日本における米軍駐留の合憲性を確定した」（一九六〇年一〇月四日、大使館発国務省宛て「極秘」航空書簡）と目的達成を報告した（同前）。

こうして安保改定の障害ともなっていた「伊達判決」は取り除かれた。一九六〇年一月一六日、岸首相と藤山外相ら新安保条約調印の全権団が渡米し、一九日にワシントンでアイゼンハワー大統領も同席して、日本側全権団とハーター国務長官らアメリカ側全権団とで、新安保条約と地位協定などの調印式がおこなわれた。

その後、国会では、新条約の承認・批准を目指す政府・与党と安保条約に反対する野党の間で論戦が交わされた。五月一九日と二〇日の衆議院での会期延長、新条約の承認と関係法令整理法案の与党による強行採決を受けて、国会外でも学生・労働者・市民の安保反対運動のデモと集会が拡大し、岸政権退陣を求める声も強まった。連日、大規模なデモが国会を取り巻き、安保闘争は一気に高まった。

しかし、六月一九日午前〇時、新安保条約は参議院での議決はないまま自然承認された。翌日、自民党は単独で参議院本会議を開き、関係法令整理法案を可決した。二三日には、藤山外相とマッカーサー大使が日米の批准書を交換した。

その直後、岸首相は緊急臨時閣議において、「人心を一新し政局転換をはかるため、総理大臣辞任を決意した」と表明した。安保改定と引き換えに、混乱の政治的責任をとるという名目で岸内閣は退いた。

東京地裁での、伊達裁判長らとは別の裁判官らによる差し戻し審は、一九六一年三月二七日、検察側の言い分を認め、「米軍の駐留は違憲ではない」との最高裁判決を支持し、七人の被告に罰金二〇〇〇円の有罪判決（検察側の求刑は懲役六ヵ月）を下した。判決当日の『朝日新聞』夕刊記事は、次のように解説を加えている。

「弁護団では、『駐留米軍が日本の戦力となっていることは誰が見てもハッキリしている。それこそ〝一件明白〟に違憲の存在なのである』と主張、在日米軍の〝性格〟と〝実体〟をやり直し審でも繰り返し訴えていた。

だが結局、『上級審の裁判所の裁判における判断は、その事件について下級審の裁判所を拘束する』という裁判所法の〝鉄則〟は動かず、この点についての結論も『最高裁と異なる判断は許されない』ということになった」

その後、一九六二年二月一五日、東京高裁は被告らの控訴を棄却。六三年一二月二五日には最高裁が被告らの上告を棄却、有罪が確定した。

こうした差し戻し審の判決からも、最高裁判決が権威ある判例となって、下級審の裁判所に強い影響を与え、実質的な縛りをかけたことがわかる。以後、他の米軍基地がらみの裁判において、地裁や高裁が「米軍の駐留は違憲」や「安保条約は違憲」といった判決を出すことは、事実上できなくなるだろう、そして日米安保体制はより強固となるだろう、という日米両政府と米軍の思惑も裏づけられたのではないか。

実際、その後、米軍基地内の土地の強制使用の取り消しを求める訴訟など、米軍基地がらみの裁判では、「米軍の駐留は合憲」を前提としたうえで、安保条約が違憲か合憲かの法的判断は司法審査権の範囲外という、「統治行為論」を用いた判決が出されるようになった。

砂川最高裁判決の判例が下級審の裁判所に対して、いわば縛りをかける効果をもたらしたのである。それは日米安保体制の安定につながるものだった。日米両政府と米軍の思惑どおりになったといえる。

その後、マッカーサー大使は一九六一年三月に駐日大使を離任し、駐ベルギー大使へと転じた。田中長官は六〇年一〇月まで最高裁長官を務めたあと、オランダのハーグにある国際司法裁判所の判事に就任した。

田中長官は一九六〇年八月にワシントンの国務省を訪ねており、当時のパーソンズ国務次官補に、国際司法裁判所判事への立候補を表明して、「田中の立候補にあらゆる考慮を払う」（同前）と約束されていた。アメリカ政府が田中長官をいかに高く評価していたかがわかる。

そして、砂川最高裁判決の裏側に隠されたマッカーサー大使らの政治的工作、大使らと田中長官の密談を通じた裁判情報の漏洩の事実は、長年にわたって秘められてゆくのだった。

第二章

砂川事件元被告たちの再審請求と国賠訴訟

砂川最高裁判決の裏面の闇に光が

一九五九年一二月の砂川最高裁判決からほぼ半世紀を経た二〇〇八年四月、国際問題研究者の新原昭治氏がアメリカ国立公文書館で前述の一連の秘密電報を発見した。それによって同判決の裏面の闇に初めて光が当てられた。

その重大ニュースは日本の新聞各紙で報じられた。たとえば二〇〇八年四月三〇日の『毎日新聞』朝刊は、「1959年、砂川裁判、米大使、最高裁長官と密談」、「『司法の独立、どこへ』元被告、怒りあらわ」の見出しを掲げた。砂川事件の元被告、土屋源太郎氏も、「司法の独立はどうなるのか。外国の大使に長官がなぜ審理見通しを語らなければならないのか。けしからん話だ」とコメントを寄せた。

土屋氏は秘密電報発見の報を聞いたときの気持ちを、次のように語る。

「検察が東京高裁への控訴という通常の手続きではなく、いきなり最高裁に跳躍上告をしたことは、予想外でしたが、何かおかしい、何か裏があると、直観的に思っていました。最高裁では、弁護人の人数が制限されそうになったり、異例のスピード審理がおこなわれたりしたので、やはり安保改定のために『伊達判決』を一日も早くくつがえそうとしているのだろうという印象を持ちました。だから、最高裁判決の日は、不当判決が出るだろうと予想はしていました」

「だから、秘密電報が発見されたと『毎日新聞』の記者から知らされて、マッカーサー大使の動きを知ったとき、やはりアメリカからの裏工作があったのかと合点がいくと同時に、これほどまでに露骨な干渉をしていたのかと驚きました。憲法が保障する三権分立が侵害されていたわけです。怒りがわきあがり、このままにしてはおけない、真相を徹底的に明らかにしなければならないと決意しました」

土屋氏はまず新原氏に連絡をとって会い、一連の秘密電報について詳しい説明を受けた。その写しも提供してもらった。そして、これらアメリカ政府の公文書に対応するものが、日本の外務省、法務省、内閣府、最高裁などにもあるはずだと考えた。すなわちマッカーサー大使と藤山外相の密談の記録、マッカーサー大使と田中最高裁長官の密談の記録などである。

砂川国賠訴訟の原告の土屋源太郎氏

そこで、情報公開制度に詳しい中村順英弁護士と三宅弘弁護士に相談をした。さらに、同じ砂川事件の元被告で事件当時、日本鋼管川崎製鉄所の労働者だった坂田茂氏、国鉄労働者だった椎野徳蔵氏、東京農工大学生だった武藤軍一郎氏とも連絡をとった。そして、日本側の関連文書の開示を求める活動にともに取り組むことを話し合った。

二〇〇九年三月五日、外務省と法務省と内閣府に対し情報公開法にもとづいて文書開示請求をおこなった。最高裁に対しては同じ日に、「最高裁判所の保有する司法行政文書の開示等に関する事務の取扱要綱」にもとづいて、開示申出をした。最高裁は行政機関ではなく、情報公開法が適用されないからである。

情報公開を求める砂川事件の元被告

しかし、それから二ヵ月あまりの間に次々と、「文書は不存在」との理由が書かれた不開示の通知が届いた。

「アメリカ側に文書が残っているのに、日本側に残っていないはずはありません。おかしいですよ。こんな対応は許せません」と、土屋氏は疑問を呈し、批判する。

このような日本政府の対応は、「核持ち込み密約」や「沖縄返還時の米軍基地の原状回復保障費の肩代わり密約」など、日米密約に関するアメリカ政府解禁秘密文書が、アメリカ国立公文書館で公開されても、「日本側には文書が存在しない。密約も存在しない」と虚偽の国会答弁を繰り返してきた、歴代の自民党政権のいつものやり方だといえる。文書不存在を口実にした情報隠蔽ではないか。

最高裁も行政機関ではないが、長官は内閣の指名にもとづいて天皇が任命し、裁判官たちは内閣が任命するという制度からして、歴代の自民党政権の影響を受けてきたのが実態であろう。

田中耕太郎氏は第二代の最高裁長官だ。かつて司法のトップにあった長官のいわば不祥事、司法の歴史の汚点ともいえる問題をめぐる文書である。「不存在」との回答は、この問題にふれたくない最高裁の姿勢を表しているようにみえる。

土屋氏ら元被告四人はこのような情報公開を求める活動をしながら、砂川最高裁判決の黒い霧の解明と「伊達判決」の意義を社会に訴えるために、かつて「砂川闘争」に参加した経験のある旧友ら支援者とともに、市民団体「伊達判決を生かす会」を二〇〇九年四月一〇日に結成した。

二〇〇九年八月、総選挙があり、自民党から民主党への政権交代が起きた。「情報公開の推進」を唱える民主党政権になったことを機に、「伊達判決を生かす会」は土屋氏と坂田氏を中心に有志四〇名（代理人、吉永満夫弁護士）で、同年一〇月二六日、外務省、法務省、内閣府、最高裁に対し、あらためて関連文書の公開を求める開示請求と開示申出をした。

法務省、内閣府、最高裁は、またもや「文書は存在しない」と通知してきた。しかし、外務省からは「対象文書の含まれている可能性のあるファイルが著しく大量である」、「処理すべき開示請求案件や、他の事務が繁忙である」という理由で、可能な部分については二〇〇九年一二月二五日までに開示決定をし、残りについては翌年三月三一日までに開示決定をすると知らせてきた。当時の民主党政権、岡田克也外務大臣が「核持ち込み密約」など日米密約の調査を、外務省に命じていたこともあり、自民党政権時とは違う対応になったのだろう。

「日米密約問題への世論の関心が高まり、外務省としても真剣に考えざるをえなかったのでしょう」と、土屋氏は推測する。

開示された外務省の極秘文書

こうして、外務省が存在しないとしていた関連文書が、一転、秘密指定を解除され、二〇一〇年三月三一日付で開示されることになった。同年四月二日、「伊達判決を生かす会」は「藤山大臣在京米大使会談録（極秘）」（一九五九年四月一日）という文書を外務省から受け取った。

それは、東京の帝国ホテルでの藤山外相とマッカーサー大使による安保改定をめぐる秘密交渉の会談録だ。計三四ページあり、その約七分の一が砂川事件に関する内容だった。外務省専用の事務用箋に手書きされていて、欄外の左上には「極秘」とある。

一九五九年四月一日、藤山外相がマッカーサー大使に、法務省が具体的に最高裁への跳躍上告を検討中で、最高裁では優先的に扱われ、判決までに三、四ヵ月かかるだろうとの見通しを述べた事実が、次のように記されている。それは、同じ日にアメリカ大使館から国務省に送られた秘密電報の内容と一致している。

「日時　昭和三十四年四月一日午後三時半――午後五時五十分、於帝国ホテル第一二五五室

出席者　藤山大臣、山田次官、森米局長、米保長
　マックアーサー大使、レンハート公使、ハーツ書記官

大臣　先づ一言申し上げ度《た》いが、砂川事件に関する東京地裁判決はご承知の通りであるが、政府は安保条約改訂交渉は勿論《もちろん》引続き継続していく。目下最高裁に直接提訴するや否や検討中で、検事総長帰京を待って決定する。

大使　最高裁に行った場合その時期の見透《みとおし》承り度し。

大臣　最高裁でも優先的に扱ふと聞いているが、自分にははっきりした事は云《い》えない。先づ三、四ヶ月はかかるべし。総理、法務大臣とも話しているが、上告の決定は検事総長の帰京の上に決める」

「伊達判決を生かす会」は二〇一〇年四月八日に記者会見を開き、この文書を公表した。その席で土屋氏は、こう述べた。

「日米における密談があったことが、明らかに裏付けられた。開示されたことは大きな前進だが、〔記録が〕これだけというのはあり得ない。内容的に公開しやすい部分を公開しただけではないか」（『読売新聞』二〇一〇年四月九日朝刊）。

真相を隠そうとする政府

土屋氏の言うとおり、一九五九年四月一日の会談録はあるのに、三月三一日早朝にマッカーサー大使が藤山外相に会って、跳躍上告をうながしたと記すアメリカ大使館の「極秘」電報に対応する、三月三一日の両者の会談録などがないのはおかしい。

二〇一〇年四月一三日、鳩山由紀夫内閣（当時）は、新党大地の鈴木宗男衆議院外務委員長（当時）による質問主意書に対し、「関連文書が不存在と回答してきたことは遺憾である」という、民主党政権としての政府見解を示す答弁書を閣議決定した。

しかし答弁書は、一九五九年四月一日の藤山外相とマッカーサー大使の会談は、「上告の見通しや地裁判決の反響などについての一般的な内容」だと述べ、質問主意書の「マッカーサー大使から藤山大臣に対し、外交的圧力がかけられたと言われている」との指摘も、「お

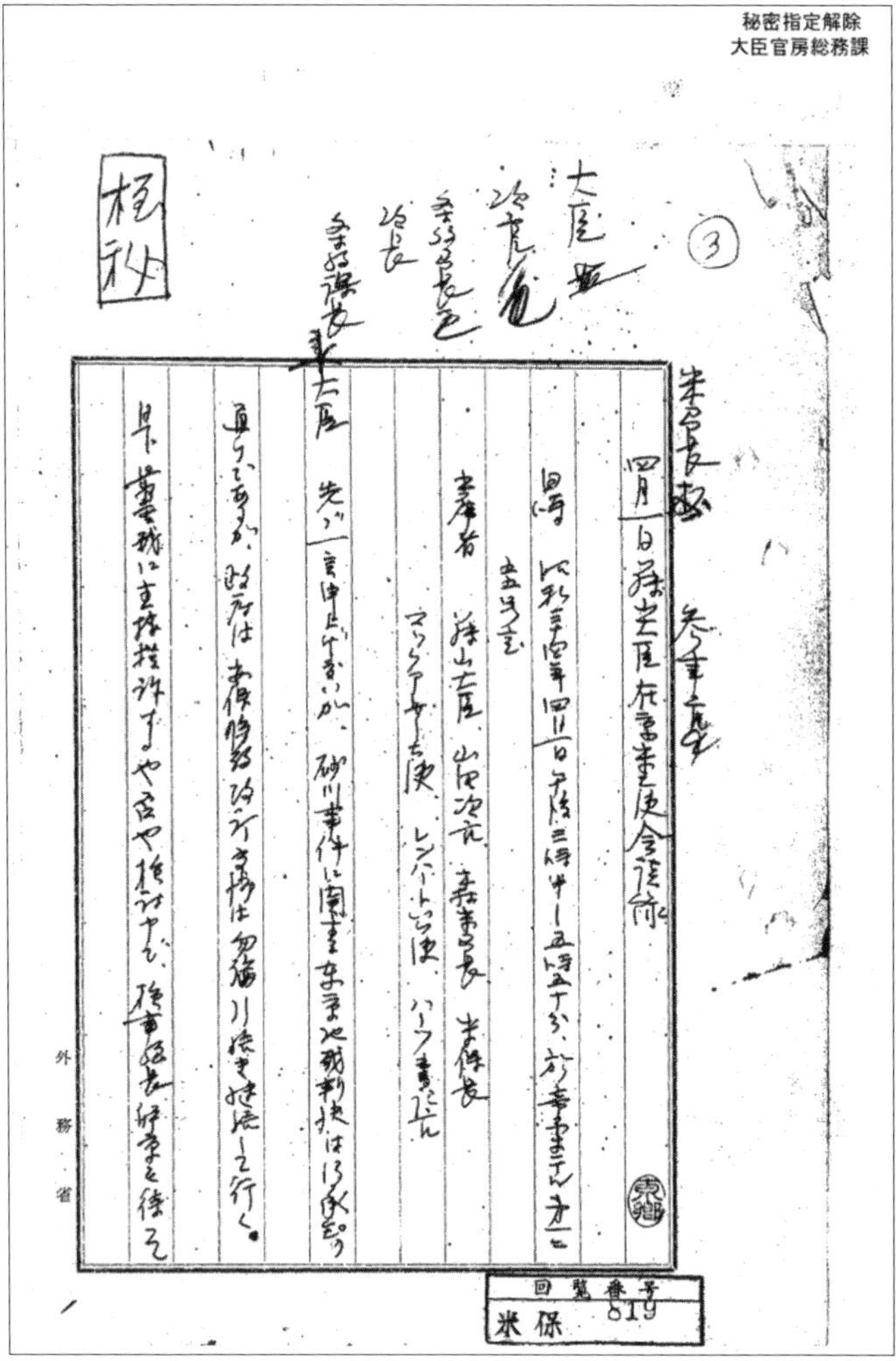

1959年4月1日のマッカーサー大使と藤山外相の帝国ホテルでの会談を記録した外務省「極秘」文書（外務省の一般公開より）

尋ねのような事実についてのものではないと認識している」と否定した。

同じ日に岡田外相も記者会見で、マッカーサー大使が跳躍上告をするよう日本側に圧力をかけていたとの疑惑について、「資料の中身はそういう趣旨のものではなかった。それ以外の資料はない」と否定し、問題の幕引きをはかる見解を表明した（『毎日新聞』二〇一〇年四月一四日朝刊）。

疑われているような外交的圧力はなかった、関連文書もこれ以上ないと否定して、真相解明に背を向ける外務省の官僚機構の意にそうような答弁書であり、見解表明といえる。こうした日本政府の見解は、それ以後も変わっていない。

安倍政権においても、アメリカ政府解禁秘密文書に記された一連の事実について、二〇一五年六月当時の岸田文雄外相が、「米国のこの公開文書について、わが国として何か論ずる立場にはない。わが国の記録、公にした文書の中には、ご指摘のような点はないと承知している」と、そっけない答弁で無視する姿勢をあらわにしている（二〇一五年六月一〇日、衆議院「我が国及び国際社会の平和安全法制に関する特別委員会」）。

外務省は二〇一〇年七月七日、安保改定交渉に関する外交文書を多数、秘密指定解除して一般公開した。民主党政権による日米密約調査を受けての情報公開だった。それらのなかに、前出の「藤山大臣在京米大使会談録（極秘）」も含まれていた。

また、砂川裁判にごく短く言及した文書が三点含まれているのを、「伊達判決を生かす会」

が外務省外交史料館で調べて確認した。しかし、前述のアメリカ政府解禁秘密文書に対応する内容のものは、ほかにはなかった。

「アメリカの公文書では事実が明らかになっているのだから、きっと日本側の関連文書ももっとあるはずなんです。引き続き真相解明のための情報公開を求めていきます」と、土屋氏は力説した。

このように情報公開に後ろ向きな日本政府と最高裁に対して、「伊達判決を生かす会」は粘り強く情報公開を求め続けた。そして、閉ざされた扉をこじあけて、外務省に「藤山大臣在京米大使会談録（極秘）」を開示させた。部分的とはいえ、この文書によって、土屋氏の言うように「日米における密談があったことが、明らかに裏付けられた」のである。ここでもまた、歴史の闇に光が当てられたのだった。

情報公開に背を向ける最高裁

その後、「伊達判決を生かす会」は二〇一三年一月三〇日にあらためて最高裁に、田中長官とマッカーサー大使の密談に関連する文書の開示申出をした。開示を求めた主な項目は次のとおりである。

①米政府の解禁秘密文書に出てくる一九五九年四月二四日と一一月五日前後の田中長官とマッカーサー大使の会談に関する記録。
②司法行政をおこなう最高裁裁判官会議の開催の規定などを記した文書。
③一九五九年当時の最高裁裁判官会議の議事録。
④田中長官が一九五九年当時、裁判所外での面談・視察などの業務をおこなったときの言動や動向の記録（「業務日誌」）。
⑤田中長官の一九五九年当時の公用車の動向の記録（「運転日報」）。
⑥当時、田中長官が日米安保条約・米軍基地反対闘争・「伊達判決」などについて発言した内容の記録。

このように「伊達判決を生かす会」は具体的な項目をあげ、「相当古い資料・記録であっても保存保管してある（あるべき）記録・資料を、しっかりと調査して開示するよう」強く求めたのである。

その開示申出の趣旨文で「伊達判決を生かす会」は、これまで関連文書は「不存在」と繰り返す最高裁に対し、次のように訴えた。

「三権分立のなかの司法権のトップである最高裁で、田中耕太郎氏は第二代長官として一〇年間その任に当たり、その終わりの時期に砂川事件裁判を担当し、今日にまで影響する重要な判例となる最高裁判決を出した」
「しかし、田中長官がこの判決を出すに当たって、マッカーサー大使と密会し、審理状況などを報告していた事実、審理に入る前から判決にいたるまで一貫して憲法や法に基づかない政治的予見で審理に当たっていた事実が、アメリカ公文書館から発見された文書で明らかになった今日、最高裁自身が、第二代長官田中氏の司法のトップとしての砂川事件裁判に関する、不法・不当な言動や公判への対応を記録する行政文書・記録を明らかにし、田中氏の遺した司法の政治への従属姿勢を払拭するか、払拭しようとしている姿勢を国民に示すことが、民主主義制度下の開かれた最高裁の存在のために、必要ではないであろうか」

しかし、最高裁事務総局はまたしても、すべての記録が「不存在」という返答をしてきた。あくまでも情報公開に後ろ向きな対応である。公平であるべき司法のあり方に大きな疑念がかけられているこの問題を、みずから検証しようという姿勢はみられない。

砂川最高裁判決の裏側で何があったのか、それは「決して昔の話」ではないと、「伊達判決を生かす会」は次のように訴えている。

「『伊達判決』をくつがえした最高裁判決にいたる過程で、日米両政府の間でどのような交渉がおこなわれたのかは、決して五〇年前の『昔の話』ではなく、普天間基地問題をはじめ沖縄や全国の米軍基地の存在の根幹に関わる現在の問題だと私たちは考えています。

私たちは、司法の最高機関である最高裁が、日米安保条約の法的根拠に関する公正な判断を下し、その権威と公正さを取りもどすために、ひいては日米関係を、伊達判決破棄や核兵器持ち込みや沖縄返還に関して、今日明らかになっている両国政府間の『密約』や『密談』によってではなく、国民に開かれた議論のうえで再構築するために、関連省庁・司法機関にすべての関係情報・資料の開示を要求します」

免訴を求める再審請求

その後、「伊達判決を生かす会」は、砂川最高裁判決が裁判の公平性を欠く不当なものであり、差し戻し後の東京地裁の有罪判決は誤判だったとして、免訴を求めて再審請求することを決めた。免訴とは、刑事訴訟において裁判所が有罪か無罪かを判断することなく、裁判を打ち切る形式の判決を意味する。

なお、無罪を求めて再審請求をすると、再審を認めるか認めないかの審理に入る前の段階で却下され、門前払いをされるおそれがあった。そのため、再審が認められる可能性の高い免訴を求めることにしたのだった。

二〇一四年六月一七日、砂川事件元被告の土屋源太郎氏と椎野徳蔵氏と武藤軍一郎氏、元被告で故人の坂田茂氏（一三年一月に逝去）の長女の坂田和子氏ら四人は、東京地裁に免訴を求めて再審請求した。

「伊達判決を生かす会」による文書開示請求・申出の代理人で、再審請求の弁護団代表にもなった吉永満夫弁護士は、次のように説明する。

「アメリカ国立公文書館で発見された公文書により、田中最高裁長官がマッカーサー大使らと密談し、評議の経過と裁判の見通しを伝えていた事実が発覚しました。つまり、砂川事件を裁いた最高裁大法廷は憲法三七条が保障する公平な裁判所ではなかったこと、憲法規範に違反する汚染された裁判所だったことが明らかになったのです」

砂川国賠訴訟の原告の土屋源太郎氏（右）と坂田和子氏（左）

「その最高裁判決に拘束される下級審の東京地裁の差し戻し審も、やはり公平な裁判所だったとはいえません。だから、東京地裁は本来なら裁判を打ち切って免訴とすべきだったのに、有罪判決を出しました。これは誤った判決だったのです」

吉永弁護士によると、裁判所法第四条では、「上級審の裁判所の裁判における判断は、その事件について下級審を拘束する」と定めている。そのため、差し戻し後の東京地裁は、最高裁判決に拘束されたうえで審理し、有罪判決を言い渡したことになる。

当時、最高裁判決の背後に隠された内幕は、当事者以外は誰も知らなかった。しかし、真相が明らかになった現在、最高裁大法廷の判決の拘束下にあった東京地裁も、連鎖的に公平さを欠く裁判所であったといえる。つまり最高裁と同じように「憲法規範に違反する汚染された裁判所」だったのである。

したがって、憲法三七条が保障する公平な裁判所だったとはいえない東京地裁は、本来なら裁判を打ち切って免訴判決を言い渡すべきだった。ところが、有罪判決にしてしまった。だから、これは誤判だった。そこで、免訴を求めて再審請求をすることになったのである。

「つまり、憲法三七条が保障する公平な裁判所の裁判を受ける権利が侵害されていたのです」

と吉永弁護士は強調した。

土屋氏も、「正当性を持たない判決を失効させて、司法のあり方を問いただしたいです。違憲の最高裁判決と差し戻し後の東京地裁判決が連鎖的に失効すれば、結果的に『伊達判決』

での無罪判決が浮かび上がります」と決意を述べた。四人の再審請求人と「伊達判決を生かす会」は再審請求にあたって声明（二〇一四年六月一七日）を発表し、こう訴えている。

「この再審請求は、単に不公平な裁判を受けた私たちの不利益を救済するだけではなく、不正を行った司法を正し、さらに私たちが五〇数年前に訴えた日本の平和と主権、憲法九条の大切さの再度の議論を提起するものでもあります」

再審請求を認めない裁判所

再審請求の審理は東京地裁刑事第一〇部（田邉三保子裁判長、鈴木秀行裁判官、高森宣裕裁判官）でおこなわれた。アメリカ国立公文書館で発見された一連の駐日アメリカ大使館から国務省に送られた秘密電報・書簡すなわち公文書を、再審請求のための新証拠として裁判所が認めて審理した。

土屋氏ら再審請求人と弁護団は、田中最高裁長官がマッカーサー大使やレンハート首席公使と会い、裁判情報を漏らした事実から、砂川事件を裁いた最高裁大法廷は「公平な裁判所」ではなかった点を強く訴えた。

しかし二〇一六年三月八日、東京地裁は、元被告側が「新証拠」として提出した一連の公文書を検討したうえで、田中長官とマッカーサー大使らの面談の事実は認めながらも、再審請求を棄却した。

田中長官とマッカーサー大使らの面談は、国際礼譲（国家関係を円滑にするための儀礼や便宜など）の一環で、田中長官の言動は裁判に関する一般論・抽象論にとどまり、評議の秘密の漏洩にはあたらず、不公平な裁判をするおそれはなかったと結論づけたのである。棄却理由の主旨は次のとおりだ。

「裁判官が事件当事者と一定の限度を超えて過度に密接な関係を築くことは、裁判所の公平らしさに疑念を抱かせかねず、そのような事態は回避されなければならない。本件において、刑特法による保護法益を受ける主体はアメリカ合衆国であり、同国は被害者的な立場〔当事者〕に位置づけられる。

一方で、同国は国際礼譲の対象でもあり、最高裁長官が慣例上、対外的な交際面で裁判所を代表する立場にある点を考慮すると、田中長官がアメリカ大使館関係者と面会の機会を持ったことから、ただちに不公平な裁判をするおそれが生ずるとは解されない。

裁判官が裁判の一方の当事者だけに事件に対する考え方を具体的に伝えることは、一般的には慎むべき不相当な振る舞いだ。しかし、マッカーサー大使らとの面談での田中長官の言動は、わが国の刑事手続きにおける一般的事項や、個人的所感として望ましいと考えている〔裁判官たちによる〕評議の進行のあり方など、一般論・抽象論を述べただけである。具体的な評議と判決の内容や方向性などをアメリカ側に伝えるなど、一方の当事者に偏重した情報を提供したものとまでは推測できない。つまり評議の秘密が漏洩したとはいえない。したがって、田中長官が不公平な裁判をするおそれがあったとは認められない」

土屋氏らはただちに、棄却は不当だとして東京高裁に即時抗告（裁判所の決定に対する不服申し立て）した。

「アメリカ政府公文書の記述から、田中長官がマッカーサー大使に最高裁での判決の見通しを具体的に伝えていたのは明らかです。決して一般論や抽象論ではありません。棄却理由は事実をねじ曲げています」と、土屋氏は批判する。

公平な裁判を受ける権利が侵害された

東京高裁への即時抗告申立書でも、弁護団は田中長官が評議と判決の内容や方向性など裁判情報を漏洩し、不公平な裁判をするおそれがあった点を、あらためて次のように強調した。

「田中長官はマッカーサー大使らと内密に会って、砂川事件裁判という特定の刑事事件の裁判の審理状況や評議に関する情報、判決の見通しを述べた。それは、最高裁長官として国際礼譲や慣例による外交使節との公式の面談とは次元を異にするものだ。国際礼譲とはまったく関係がない。

田中長官は裁判の合議〈評議〉の雰囲気として『伊達判決』が破棄されることを予測し、その予測された内容をマッカーサー大使に伝えた。単なる一般論を述べたのではない。裁判情報、評議と予測される判決の内容の漏洩にほかならない。裁判官の守秘義務に違背するものだ。

また、『伊達判決』が憲法上の争点を判断したことは間違っているという、自分の考えをそのまま伝えた。単なる抽象論にとどまらず、事件に対する〈具体的な〉自分の心証を伝えたのである。

このように最高裁大法廷の裁判長である田中長官が、事件の一方の当事者で被害者的立場にあるアメリカの大使らと会い、裁判情報を伝えたことは、裁判官として守るべき一線を越えている。したがって、本件における最高裁大法廷は憲法三七条による『公平な裁判所』だったとは到底いえない」

こうして再審請求の舞台は東京高裁に移った。だが、東京高裁第三刑事部〈秋葉康弘裁判長、矢数昌雄裁判官、須田雄一裁判官〉は二〇一七年一一月一五日、公平な裁判を受ける権利が侵害されたとの主張は、刑事訴訟法上、免訴の理由にはならないとして、即時抗告を棄却した。一連の秘密電報・書簡というアメリカ政府の公文書の内容にはまったくふれず、法律上の手続き論で再審請求を退けたのである。

土屋氏らはもちろんこの決定に納得せず、最高裁に特別抗告をした。しかし二〇一八年七月一八日、最高裁第二小法廷（菅野博之裁判長、鬼丸かおる裁判官、山本庸幸裁判官、三浦守裁判官）は、この再審請求の特別抗告は「実質は単なる法令違反の主張」であり、「憲法違反、判例違反」といった憲法問題ではなく、刑事訴訟法上の最高裁への特別抗告の理由に該当しないという理由で、棄却した。

こうして再審請求は最終的に退けられた。最高裁の棄却決定の翌日、二〇一八年七月一九日に再審請求人と弁護団は声明を発表し、「最高裁は人権の砦の役割を完全に放棄してしまった」、「司法が政治権力に迎合した」と、再審請求が認められなかったことに抗議した。

そのうえで、この問題は決して刑事訴訟法上の手続き論で済ませてしまえるものではなく、憲法三七条の「公平な裁判所」の裁判を受ける権利が侵害された、まさに憲法問題に深く関わるものだとして、こう指摘している。

「〔再審請求を〕門前払いをした本件決定は、ことさらに憲法に基づく実体判断を回避したものと言わざるを得ない。…略…本件において、東京地裁、東京高裁、そして最高裁は、一九五九年に砂川事件を審判した最高裁大法廷が憲法違反の不公平な裁判所であり、刑事被告人が憲法で保障された権利を侵害されたという明らかな人権侵害に目をつぶり、自分たちの先達をかばったのである」

ついに再審請求を認めなかった一連の裁判所の決定。それは、田中最高裁長官の裁判情報の漏洩問題と正面から向き合い、この司法の歴史の汚点をみずから払拭する機会をなげうつものではないだろうか。

国賠訴訟を通じて司法の公平を求める

このように再審請求の道を閉ざされたことから、土屋源太郎氏と椎野徳蔵氏と坂田和子氏は二〇一九年三月一九日に砂川国賠訴訟を起こしたのである。武藤軍一郎氏は高齢と健康状態を考慮し、今回の訴訟には加わらなかった。

原告は、砂川最高裁判決の背後に、田中最高裁長官からマッカーサー大使らへの裁判情報の漏洩があり、憲法三七条が保障する「公平な裁判所」の裁判を受ける権利を侵害されたとして、国を相手取り、慰謝料（賠償金）各一〇万円、元被告の罰金各二〇〇〇円の返還、国（政府）による謝罪広告の新聞掲載を求めている。原告は訴状で次のように訴えた。

「憲法三七条が刑事被告人に保障する公平な裁判所の裁判を受ける権利は、日本国憲法が刑事被告人に保障する基本的人権であり、刑事被告人が公平な裁判所の裁判を受けられなければ、〔刑事事件での〕適正手続は画餅に帰し、ひとり刑事被告人の人権が蹂躙されるのみならず、人々の基本的人権は常に侵襲の危険にさらされ、国家の刑事司法自体が国民の信頼を喪失する」

「田中裁判長の法的責任を明らかにし、国の責任を果たさせるには、国家賠償請求として金銭賠償を求めざるを得ず、本訴においては、国に対し、原告らが被った精神的苦痛に対する慰謝料の一部として、各原告にそれぞれ一〇万円の支払いを求める」

そのうえで、田中裁判長のもとの最高裁大法廷は、「憲法三七条に違反する裁判所」だったから、その判決は無効であると主張している。そして、一審無罪判決を破棄した法令上の根拠も失われることから、差し戻し審の東京地裁による罰金二〇〇〇円も法令上の根拠を失い、「国はこれを不当に利得していること」になるので、それぞれ原告に返還することを求めている。

さらに、「原告らは、田中裁判長が加わって砂川事件裁判を審理し、一審無罪判決を破棄したことにより、本来正当に受けた無罪判決の言い渡しにより一旦回復された社会的評価すなわち名誉を毀損された」ので、その名誉回復のため国に新聞への謝罪広告の掲載を求めている。

提訴にかける原告の思い

原告のひとりで、砂川事件元被告の坂田茂氏の長女、提訴時六二歳の坂田和子氏は、提訴に踏み切った思いをこう述べる。

「一九五七年に父が逮捕・起訴された頃、私はまだ赤ん坊でした。だから、そこで起きたことやその後のことはすべて、長じてから父と母から聞いたのです。当時住んでいた川崎の日本鋼管の小さな社宅に、まだ明けきらない早朝、逮捕状を手にした人たちが突然やってきたときの驚きを、母は語ってくれました。砂川事件は、米軍基地の拡張に反対する農民が土地を守ろうとする闘争のなかで起き、その砂川闘争に父は農民を支援する労働組合員として参加したと、誇りをもって語っていました。父は逮捕・起訴されたために日本鋼管を解雇され、その不当解雇の撤回を求める裁判は一七年間にも及びました。砂川事件は一家の生活を激変させ、不安定にしたのです」

二〇〇八年四月に、アメリカ政府公文書すなわち一連の秘密電報が発見されたことを、坂田茂氏と和子氏は新聞記事で知ったという。

「田中最高裁長官からアメリカ側への裁判情報の漏洩が明らかになり、父は大変驚いていました。不公平な裁判により人権が侵害されていたのだとわかって、強く憤っていました。私も同じように驚き、こんなことが許されていいはずはないと思いました。私たち一家の暮らしに大きな影響を与えた砂川事件の、裁判の裏側でとんでもない不正がおこなわれていたのですから」

そして、坂田茂氏は砂川事件の元被告のひとりとして土屋源太郎氏らとともに、外務省や最高裁などに関連文書の開示を求める情報公開の活動に取り組んだ。しかし、再審請求を準備中に急逝したため、長女の和子氏が引き継いで再審請求人となった。

「砂川闘争と砂川事件とその裁判について、私は土屋さんはじめ『伊達判決を生かす会』の人たちからあらためて詳しく聞き、学び直すことができました。父は公平な裁判を受ける権利を田中最高裁長官によって侵害され、その不正をただすために再審を求めていました。しかし、再審請求は棄却され、父の名誉は回復されないままです。このままにしてはおけません。司法の公平性・独立性を確立するためにも、今回、国賠訴訟を起こすことにしました」

そして、坂田和子氏は小学校の教員を長年務めてきた経験からも、司法のあり方をただしたいという。

「六年生の社会科の授業では、日本は三権分立だと教えてきました。しかし、裁判長が裁判の一方の当事者に会い、裁判に関わる重要な内容を伝えていた事実を前にすると、私が教えてきたことは間違っていたと言わざるをえません。これから教員が迷いなく、事実として三権分立を教えられるよう、司法は公平で独立したものだと、裁判所がみずから明らかにしてほしいです」

米国公文書さえも疑問視する国側

砂川国賠訴訟は東京地裁民事第五部（大嶋洋志裁判長、齋藤学裁判官、上村江里子裁判官）において、これまで三回、二〇一九年六月一二日、一〇月二日、二〇年二月一二日に口頭弁論が開かれた。原告の意見陳述、原告側と被告側の準備書面の提出など、審理が進んでいる。

アメリカ国立公文書館で公開され、発見された一連の秘密電報・書簡によって、田中最高裁長官によるアメリカ側への裁判情報の漏洩は明らかであり、当時の最高裁大法廷は公平な裁判所ではなく、元被告らは公平な裁判を受ける権利を侵害されていた。そう原告側は主張している。

一方、被告である国側は原告側の主張を否定し、請求の却下や棄却を求めている。と同時に、再審請求で裁判所が新証拠として認め、内容を検討した一連の秘密電報・書簡すなわちアメリカ政府公文書については、それらが本当にアメリカ国立公文書館で公開され発見されたものであるか、「駐日米国大使が本国に宛てて作成・発信した文書であるか」は、「定かではない」などと異例の疑いもかけている。

「国側は二〇一九年六月一二日の第一回口頭弁論で、アメリカ政府公文書について事実確認をするので認否を留保し、調査に三ヵ月ほどかかるとしていました。ところが、九月になって、文書自体が疑わしいなどと主張してきたのです。アメリカ国立公文書館に確認すれば、マッカーサー大使が作成・発信した文書だとすぐわかるのに、それすらしていません。なぜ確認しなかったのかと質しても、『回答の要を認めない』と無責任な対応です」と、原告側の弁護団代表の武内更一弁護士は国側の姿勢を批判する。

さらに国側は、大要こんな主張をも展開している。

「仮に各文書が、マッカーサー大使が本国に報告する内容を記載した電報や航空書簡であるとしても、これらは起案者が収集した情報を理解し、主観を通じて記載すべき事項をまとめ、タイピストが書面に起こすなどして作成されたものである。

このように、各文書はいわゆる伝聞にあたる情報が記載されているというべきである。だから、上記の順序で各文書が作成されるまでの各段階において、田中長官の発言の内容や意図などについて、文書作成に関与した者の誤解や誤謬が入り込むおそれがある。

田中長官との会話をマッカーサー大使やレンハート公使が正確に聴取したか、田中長官の発言の真意や意図を的確に理解したか否かについても、各文書からは明らかでない。

田中長官の発言を一言一句記載するのではなく、その発言の趣旨を簡潔にまとめて記載しており、不正確ないし不相当なまとめ方がなされたおそれもある。そのため各文書に、田中長官の発言の意図が正確に記載されているとは限らない。

マッカーサー大使らが自分の主観を前提として、田中長官の言動のうち自分の主観に合致する部分のみを取り出して報告している可能性もある。そのため、各文書の記載だけを根拠に、田中長官の言動を確定ないし推測するのは不適切である

また、仮に何らかの田中長官の発言があったとしても、せいぜい同長官が独自に考える憲法問題に関する裁判所の判断のあり方といった、抽象論にすぎなかったと解する余地が多分にある。

田中長官の発言とマッカーサー大使の受けた印象が混在して記載されている結果、田中長官の発言が具体的にどのようなものであったか客観的に推し量ることはきわめて困難とならざるを得ない。

したがって、各文書の記載からは、原告らが主張するような田中長官の言動は認定できない」

これに対して武内弁護士は、こう反論する。

「駐日大使から本国の国務長官への報告である公文書が、そんな不正確な内容であるはずが

ありません。そんなことでは外交は成り立ちません。当時は安保改定協議の真最中で、砂川事件裁判の帰趨《きすう》にアメリカ政府は多大な関心を払っていました。キーマンである田中長官の言動すなわちアメリカ側にとって重大な情報を、マッカーサー大使がいい加減に報告するはずはないのです」

そして、国側の意図を次のように推測したうえで、原告側の対抗策を示す。

「刑事裁判の裁判長が、裁判の一方の当事者と密会し、裁判はこう進めるなどと伝えていたら、もうそれだけで公平な裁判所ではありません。国側がアメリカ国立公文書館に確認しようとしないのは、そうした事実が明白になるのを避け、事実関係を曖昧にして言いのがれようとしているからでしょう。原告側としては、裁判所への調査嘱託なども通じて、あくまでも事実確認を求めます。この裁判において、事実関係を曖昧にせず、一連のアメリカ政府公文書の内容に立ち入った審理は必要不可欠なのです」

原告は二〇二〇年二月五日、裁判所に調査嘱託を申し立てた。調査嘱託とは民事訴訟法にもとづく手続きで、裁判所が審理のための事実認定の資料を得るために、政府官庁などに対し必要な調査をして報告するよう求めることだ。

この調査嘱託をおこなうかどうか、東京地裁は予定されていた二〇二〇年六月一五日の第四回口頭弁論までに判断するとみられていた。しかし、新型コロナウイルス流行の影響で、口頭弁論の日程が延期されたため、二〇二〇年八月末日現在、まだ決まっていない。

調査嘱託が実施される場合は、おそらく最高裁と外務省を経由して、アメリカ国立公文書館に関連文書の存在について問い合わせ、事実確認をすることになるだろう。

いかに不公平な裁判所だったのかを立証

原告側は提訴した際の訴状で、憲法三七条の「公平な裁判所」における裁判とは、「〈裁判官の〉構成その他において偏頗《へんぱ》〈偏っていて不公平〉のおそれなき裁判所の裁判という意味である」（一九四八年五月五日の最高裁判例）と述べ、「偏頗のおそれなきとは偏るおそれのない」という意味だと説明している。

そして、「裁判とは相対立する当事者の紛争を解決する手続であり、裁判所はその裁定者であるから、偏頗のおそれがない裁判所とは、構成その他において、いずれかの当事者の一方に偏るおそれがない裁判所である」と続ける。

そのうえで、砂川事件を裁いた最高裁大法廷の裁判長だった田中長官は、裁判情報を一方の当事者にあたるアメリカ側に伝えていたことから、同法廷は一方の当事者に偏るおそれがあった不公平な裁判所だったと主張する。

裁判が一方の当事者に偏るおそれがあれば、それは「公平な裁判所」とはいえない。砂川事件を裁いた最高裁大法廷が、まさにそうした状態だったことを、原告側はアメリカ政府公文書である秘密電報・書簡の記載から立証しようとしている。

原告側弁護団（武内更一弁護士、細川潔弁護士、山田智明弁護士）は「準備書面」や口頭弁論などで、田中長官からマッカーサー大使やレンハート首席公使に伝えられた内容（以下、◎の文章）と、最高裁大法廷での実際の審理経過および判決の内容（以下、＊の文章）を、逐一照らし合わせ、おおむね次のように整理している。田中長官が伝えた内容と、実際の審理経過および判決の内容とが、いかに合致しているかが具体的にわかる。以下、それを要約して記す。なお、関連の1〜3の秘密電報・書簡は本書の第一章で引用した。

1. 一九五九年四月二四日のアメリカ大使館から国務長官に宛てた「秘」電報

（田中長官とマッカーサー大使の第一回密談の報告）

◎「内密の話し合いで田中最高裁長官は、大使に、本件には優先権が与えられているが、日本の手続きでは審理が始まったあと判決に到達するまでに、少なくとも数ヵ月かかると語った」（本書二七ページ）

＊東京地裁での一審判決すなわち「伊達判決」は、一九五九年三月三〇日に下された。

最高裁大法廷での審理が決まったのは同年六月一二日で、判決が同年一二月一六日。一審判決からは九ヵ月たらず、審理開始からは約六ヵ月。これほど素早い事件処理は、重大な憲法事件に限ってみてもきわめて稀《まれ》である。

この事実は、「本件には優先権が与えられている」こと、すなわち優先的に審理されて、判決まで「数カ月かかる」という田中長官の予測と合致している。

田中長官の発言と合致する裁判の進行

2．一九五九年八月三日のアメリカ大使館から国務長官宛て「秘」航空書簡

（田中長官とレンハート首席公使の密談の報告）

◎「田中耕太郎裁判長は、在日米大使館首席公使に対し砂川事件の判決は、おそらく一二月であろうと今考えていると語った」（本書三一ページ）

＊最高裁判決は実際、一九五九年一二月一六日に言い渡された。この事実は田中長官の予測と合致している。

◎「弁護団は、裁判所の結審を遅らせるべくあらゆる可能な法的手段を試みているが、裁判長は、争点を事実問題ではなく法的問題に閉じ込める決心を固めていると語った」（本書三一～三二ページ）

＊最高裁での審理に臨むべく、被告の弁護団は二八〇名という多数の弁護人の選任を届け出て、さらに厖大な分厚い答弁書を提出した。このような弁護団の「法的手段」により、結審

までに相当な期間がかかるとみられたことから、田中長官は「弁護団は、裁判所の結審を遅らせるべくあらゆる可能な法的手段を試みている」と語ったのだろう。これは、実際の弁護団の動きと合致している。

＊最高裁判決は、米軍の駐留が憲法九条や前文の趣旨などに反しているかどうかなどの法的判断しかしておらず、砂川事件の事実関係や駐留米軍の実体など事実問題に関する判断はしていない。この事実は、「争点を事実問題ではなく法的問題に閉じ込める決心を固めている」という田中長官の姿勢・考えと合致している。

◎「彼は、口頭弁論は、九月初旬に始まる週の一週につき二回、いずれも午前と午後に開廷すれば、およそ三週間で終えることができると確信している」（本書三二ページ）

＊最高裁大法廷での口頭弁論は実際、一九五九年九月七日（月）、九日（水）、一一日（金）、一四日（月）、一六日（水）、一八日（金）と六回開かれた。一週につき三回開廷され、三週間よりも早く二週間のうちに終結した。口頭弁論が「九月初旬」に始まった点は、田中長官が伝えた内容と合致している。

口頭弁論が一週につき三回開かれた点は、安保改定による新安保条約の調印（実際には一九六〇年一月一九日調印）に向けて、砂川事件の最高裁判決が早く出ることを望むアメリカ側の意向を、田中長官が忖度《そんたく》し、迅速な審理進行をしたからではないか。

◎「問題は、その後で生じるかもしれない。というのも、彼の一四人の同僚裁判官たちの多くが、それぞれの見解を長々と弁じたがるからである」（本書三二ページ）

＊口頭弁論の終結後の評議で、最高裁大法廷の田中長官以外の一四人の裁判官たちの多くが、「それぞれの見解を長々と弁じたがる」ことによって、判決言い渡しまでの期間が長びくという問題が生じるとの予測を、田中長官は伝えていた。

実際、口頭弁論は一九五九年九月一八日に終結したが、判決は同年一二月一六日で、結審から判決まで約三ヵ月も経過している。それは、多くの裁判官が「それぞれの見解を長々と弁じた」ことによって、それだけの期間がかかったことを示している。

そして判決では、反対意見こそ出てはいないが、一〇名の裁判官からそれぞれ長文の補足意見や意見が出されている。こうした事実は、田中長官が伝えていた予測と合致している。

◎「裁判長は、結審後の評議は、実質的な全員一致を生みだし、世論を〝揺さぶる〟素になる少数意見を回避するようなやり方で運ばれることを願っていると付言した」（本書三二ページ）

＊最高裁大法廷では実際、裁判官の全員一致で、米軍の駐留は合憲の判決が下された。同判決においては、「憲法は自衛権そのものを否定する趣旨ではなく、第九条第二項により保持を禁止した戦力とは、わが国の指揮監督下にあるわが国自体の戦力を指すものと解すべき」

とする点で、意見が一致している。

そして、日米安保条約を違憲と見なすべきではないとする理由の部分で、一〇名の裁判官が補足意見と意見を述べてはいるが、反対意見は出ていない。

このように、自衛権と戦力の意義については理由を含め全裁判官の意見は一致している。安保条約を違憲とすべきでないことについても、理由の違いはみられるものの、一致した結論が出ている。すなわち「世論を〝揺さぶる〟素になる少数意見」は回避されたのだ。

こうした事実は、田中長官が伝えた結審後の評議に臨む自らの姿勢・考えと合致している。

評議の実情と合致する情報の漏洩

3．一九五九年一一月五日発送のアメリカ大使館から国務長官宛て「極秘」航空書簡（田中長官とマッカーサー大使の第二回密談の報告）

◎「田中最高裁長官との最近の非公式の会談の中で砂川事件について短時間話し合った。長官は、時期はまだ決まっていないが、最高裁が来年の初めまでには判決を出せるようにしたいと言った」（本書三八ページ）

＊最高裁判決が下されたのは実際、一九五九年一二月一六日で、まさに「来年の初めまで」には判決が出た。この田中長官とマッカーサー大使が会った時点において、判決言い渡しの

時期は未定だった。この事実は、判決は来年の初め（一九六〇年一月）までには出したいという田中長官の姿勢・考えと合致している。

◎「彼は、一五人の裁判官全員について最も重要な問題は、この事件に取り組む際の共通の土俵をつくることだと見ていた。できれば、裁判官全員が一致して適切で現実的な基盤に立って事件に取り組むことが重要だと、田中長官は述べた」（本書三八ページ）

＊田中長官にとって、確立させたい「共通の土俵」とは、自衛権の存在、米軍駐留と安保条約が違憲ではないということであった。最高裁判決では実際、自衛権と戦力の意義については理由を含め全裁判官の意見が一致し、安保条約を違憲とすべきでないことについては理由は異なるものの結論が一致した判断が下されている。

こうした事実は、「この事件に取り組む際の共通の土俵」をつくり、「裁判官全員が一致して適切で現実的な基盤に立つこと」を重視していると述べた田中長官の姿勢・考えと合致している。

◎「裁判官の幾人かは『手続き上』の観点から事件に接近しているが、他の裁判官は『法律上』の観点から見ており、また他の裁判官は『憲法上』の観点から問題を考えている、ということを長官は示唆した。

〔他の裁判官のうち何人かは、伊達判事を裁判長とする第一審の東京地裁には、合衆国軍隊駐留の合憲性について裁定する権限はなく、もともと〔基地への〕不法侵入という事件について それを裁くだけの法的権限しかなく、事件特有の問題をこえてしまっているという、厳密な手続き上の理由に結論を求めようとしていることが私にはわかった。

他の裁判官は、最高裁はさらに進んで、米軍駐留により提起されている法律問題それ自体に取り組むべきだと思っているようである。

また、他の裁判官は、日本国憲法のもとで、条約は憲法より優位にあるかどうかという大きな憲法上の問題に取り組むことを望んでいるのかもしれない〕」（本書三八～三九ページ）

＊ここに記された田中長官の示唆は、最高裁大法廷の評議において、裁判官たちが考えている観点すなわち論点が三つあるという事実を示すものだ。

一つ目は「手続き上」の論点で、第一審の東京地裁には、米軍駐留の合憲性について裁定する権限がなく、基地への不法侵入という事件の固有の争点を逸脱しているのではないかと考える裁判官がいるという事実が示されている。

二つ目は「法律上」の論点で、米軍駐留により提起されている法律問題に取り組むべきだと考える裁判官がいるという事実が示されている。

三つ目は「憲法上」の論点で、日本国憲法のもと条約は憲法より優位にあるかどうかという、憲法上の問題に取り組むべきだと考える裁判官がいるという事実が示されている。

＊最高裁判決での各裁判官の意見・補足意見などから、実際、「手続上」の論点を問題にした裁判官が二人、「法律上」の論点を問題にした裁判官が三人、「憲法上」の論点を問題にした裁判官が四人いたことがわかる。

こうした事実は、田中長官の示唆どおり、裁判官たちが考えている論点（観点）が三つあるという評議の実情と合致している。

判決の見通しまでアメリカ側に伝えていた

◎「田中最高裁長官は、下級審の判決が支持されると思っているという様子は見せなかった」（本書三九ページ）

＊最高裁大法廷は実際、東京地裁の「伊達判決」を破棄して差し戻す判決を下した。その判決に裁判官の反対意見は付されなかった。この事実は、下級審の判決は支持されないだろうという田中長官の予測と合致している。

◎「彼は、それは覆されるだろうが、重要なのは一五人のうちのできるだけ多くの裁判官が憲法問題に関わって裁定することだと考えているという印象だった」（本書三九ページ）

＊実際に「伊達判決」はくつがえされ、しかも全員一致の逆転判決だった。一〇名の裁判官

が補足意見や意見を出しているが、その多さにもかかわらず、自衛権・戦力の意義についてを理由を含めて全裁判官が一致し、安保条約を違憲とすべきでないことについても、理由は異なるものの、結論が一致した判断が下されている。

こうした事実は、「できるだけ多くの裁判官が憲法問題に関わって裁定すること」を重視していた田中長官の姿勢・考えと合致している。

◎「こうした憲法問題に〔下級審の〕伊達判事が口出しするのはまったく誤っていたのだ、と彼は述べた」（本書三九ページ）

＊この田中長官の考えは、最高裁判決における彼自身の次のような補足意見の記述に如実に表れている。

「日米安全保障条約にもとづくアメリカ合衆国軍隊の駐留の合憲性の問題は、本来かような事件の解決の前提問題として判断すべき性質のものではない。この問題と刑事特別法二条の効力との間には全く関連がない。原判決がそこに関連があるかのように考えて、駐留を違憲とし、したがって同法二条を違憲無効なものと判断したことは失当であり、原判決はこの一点だけで以て破棄を免れない」

＊このように、「憲法問題に伊達判事が口出しする」すなわち憲法問題に関して判決を下すのは、「まったく誤っていた」という田中長官の考えが明確に示されている。この事実は、

田中長官が伝えた考えと合致している。

上記のとおり、田中長官がマッカーサー大使やレンハート首席公使に伝えた内容と、実際の審理経過と判決の内容を、逐一照らし合わせると、田中長官が最高裁の内部情報、裁判官の評議の内情、判決の見通しなどを、裁判の一方の当事者にあたるアメリカ政府側に、具体的に伝えていたことが浮き彫りになる。単なる裁判の一般論や抽象論を述べていたのではないのである。

田中長官はまさに、裁判官が厳守すべき「評議の秘密」（裁判所法第七五条）を漏洩していたのである。砂川事件を裁いた最高裁大法廷は、一方の当事者に偏るおそれがあった不公平な裁判所だったと言うしかない。

国家賠償の消滅時効を主張する国側

砂川国賠訴訟において、国側は問題のアメリカ政府公文書に疑いをかけ、事実関係を曖昧にしようとしている。と同時に、国家賠償法上の法的手続きの側面から、賠償請求を退けようとする主張も展開している。

それは、原告らの損害賠償請求権が時効（三年）のためすでに消滅しているので、請求権そのものが成り立たないというものだ。主旨としては下記のとおりである。

「国家賠償法にもとづく損害賠償請求権は、被害者が損害とその加害者を知った時から三年間行使しない場合は、時効によって消滅する。これを消滅時効という。その起算点（時効によって請求権が消滅するまでの期間を計算し始める時点）は、被害者が損害とその加害者を知った時である。

過去の最高裁判例によれば、損害を知った時とは、『被害者が損害の発生を現実に認識した時』である。また加害者を知った時とは、『加害者に対する賠償請求が事実上可能な状況のもとに、その可能な程度にこれを知った時』である。

原告らは、アメリカ政府の文書によって、田中最高裁長官が駐日アメリカ大使らに裁判情報を伝えた行為が明らかになり、原告らの公平な裁判所による裁判を受ける権利が侵害されていたとして、二〇一四年六月一七日、再審請求をおこなった。

したがって、原告らは遅くとも二〇一四年六月一七日の時点で、田中長官の行為によって公平な裁判所による裁判を受ける権利の侵害という損害が発生したことを現実に認識し、国に対する賠償請求が事実上可能な状況のもと、その可能な程度にこれを知ったことが認められる。

そうすると、仮に原告らの主張する賠償請求権が発生していたとしても、原告らが国賠訴訟を起こした二〇一九年三月一九日の時点で、すでに三年の時効期間が経過して消滅時効が完成している。

原告らは、『本件で原告らが侵害された公平な裁判を受ける権利については、再審請求によって再審が開始されれば、新たに公平な裁判所による裁判を受けることが可能であり、その実現可能性が相当程度あった本件においては、損害が発生していたかどうかは不確定であったとして、消滅時効に至る期間は、再審請求の棄却決定が確定するまでは起算されない』と主張している。

しかし、原告らの主張する損害は、最高裁での砂川事件の裁判における田中長官の上記の行為によって、原告らの公平な裁判所による裁判を受ける権利が侵害されたというものであり、原告らの主張する加害行為が行われた時に発生したものといえる。

だから、前出の原告らの主張は成り立たない。このことは、再審の手続きを経ることなく、田中長官の行為の違法性を理由として、国家賠償法にもとづく損害賠償請求をできることからも明らかである」

消滅時効は完成していないとする原告側

一方、原告側弁護団は「消滅時効はまだ完成していない。だから賠償請求権も成立する」

として、おおむね次のように反論している。

「アメリカ国立公文書館で問題の公文書が最初に発見されたのは、二〇〇八年四月である。それから国賠訴訟の提訴の時点（二〇一九年三月）までに、一一年経過している。しかし、以下の理由により、本件請求について三年の消滅時効は完成していない。

原告らは、田中最高裁長官による駐日アメリカ大使らへの裁判情報の漏洩という不法行為により、憲法三七条で保障された『公平な裁判所の裁判』を受ける権利を侵害されたため、免訴を求めて再審請求をした。

その再審請求の結果が出るまでは、原告らの損害は不確定だった。再審請求が認められて再審が開始され、その結果、最高裁判決が無効とされ、差し戻し後の東京地裁での有罪判決を取り消す免訴判決が得られれば、原告らの損害は発生しないか、発生しても損害の程度は相当異なり、原告らの名誉も回復されることになるからだ。

再審請求によって再審が開始されれば、新たに公平な裁判所による裁判を受けることが可能であり、その実現可能性は相当程度あった。だから、再審請求をした時点（二〇一四年六月）では、損害が発生していたかどうかは不確定であり、消滅時効に至る期間は起算されないというべきである。

そして、二〇一八年七月一八日付の最高裁の特別抗告棄却の決定により、再審請求は最終的に認められなかった。こうして再審請求の棄却が確定し、再審請求による救済手段が尽きたことから、公平な裁判所による裁判を受ける権利の侵害という損害が確定したのである。つまり、原告らは特別抗告棄却の決定の送達を受けた二〇一八年七月一九日の時点で、田中長官の不法行為による損害の発生を現実に認識したのである。

したがって消滅時効に至る期間は、原告らが特別抗告棄却の決定の送達を受けた二〇一八年七月一九日の翌日である同年七月二〇日から起算されるべきであり、消滅時効はまだ完成していない。だから賠償請求権は成立する」

事実の事細かな検証と審理を

また国側は、国家賠償法にも適用される民法の規定である除斥《じょせき》期間（二〇年）の経過を理由に、賠償請求を退けようと、おおむね次のように主張している。除斥期間とは、賠償請求権などの権利を一定の期間内に行使しないと、その権利が消滅してしまう場合の期間を意味する。

「仮に、原告らの主張する損害賠償請求権が発生していたとしても、それは最高裁での砂川事件の裁判における前出の田中長官の行為自体によって生じた損害にもとづいている。

すなわち原告らの主張する加害行為がおこなわれた時に発生した損害なのである。

したがって、この加害行為がおこなわれた時が除斥期間の起算点になると考えられる。そして、原告らの主張する加害行為は、遅くとも砂川最高裁判決が言い渡された一九五九年一二月一六日には終了している。

したがって、原告らが主張する損害賠償請求権は、遅くとも最高裁判決が言い渡された一九五九年一二月一六日の二〇年後の一九七九年一二月一六日を過ぎた時点で、除斥期間が経過しているため、すでに消滅している。だから、原告らの請求権そのものが成り立たない」


これに対して原告側弁護団は、「除斥期間はまだ経過していない。だから賠償請求権は成立する」と主張する。その主旨は次のとおりである。


「田中長官の不法行為（加害行為）は一九五九年におこなわれたものであり、その後六〇年が経過している。しかし、以下の理由により、本件請求については二〇年の除斥期間は適用されない。

不法行為にもとづく損害賠償請求権の除斥期間の起算点は、不法行為がおこなわれた時とされている。しかし、不法行為にもとづく損害賠償は、不法行為と因果関係のある損害があって初めて請求し得るものである。だから実際には、その起算点は損害が顕在化した時なのである。

　本件で原告らが侵害された公平な裁判を受ける権利については、再審請求によって再審が開始されれば、新たに公平な裁判所による裁判を受けることが可能であり、その実現可能性は相当程度あった。だから、再審請求をした時点では、損害が発生していたかどうかは不確定であった。

　そして、二〇一八年七月一八日付の最高裁の特別抗告棄却の決定により、再審請求は最終的に認められなかった。こうして再審請求の棄却が確定し、再審請求による救済手段が尽きたことから、公平な裁判所による裁判を受ける権利の侵害という損害が顕在化し、確定したのである。

　したがって、原告らが特別抗告棄却の決定の送達を受けた二〇一八年七月一九日の翌日である同年七月二〇日から、除斥期間は起算されるべきである。すなわち除斥期間はまだ経過しておらず、賠償請求権は成立する」

　このように国側と原告側の主張は、国家賠償法や民法の規定の解釈、法的手続きをめぐっても対極にある。

　国側がこうした形式的な法律上の手続きの解釈論に力点を置く狙いは何だろうか。それは、この裁判がアメリカ政府公文書に示された田中長官の言動について、事細かに検証して審理する方向に行くのを阻みたいからであろう。事実関係を曖昧にして、裁判を形式的な法律上の手続きの解釈論の枠組みにはめこみ、損害賠償請求を退けようとしているのだろう。

しかし、それでは本質的な審理にならない。司法の公平性と独立性という、憲法の規定・基本原則に関わる重大な論点が見落とされてしまう。あくまでも事実関係を明らかにして、田中長官からマッカーサー大使らに伝えられた内容を事細かに検証し、審理することが欠かせない。

第三章

砂川最高裁判決がもたらした「呪縛」

下級審の裁判所を縛る砂川最高裁判決

砂川最高裁判決をめぐるこの国賠訴訟は、最高裁長官という司法の最高責任者だった人物の、裁判官としての公平性と独立性という大問題が問われている裁判である。三権分立の一角を担う司法への信頼性に深く関わっている。裁判所は司法への信頼性を回復させるよう審理を進めるべきだ。

また、問題はそれだけではない。砂川最高裁判決は決して過去の話ではなく、米軍用地の強制使用の認定処分取り消しや米軍機の騒音公害で飛行差し止めを求める訴訟など、米軍基地がらみの裁判にも大きな影響を与え続けている。

それらの裁判では、砂川最高裁判決の「米軍の駐留は違憲ではない」すなわち米軍の駐留は合憲を前提としたうえで、高度な政治性を有する安保条約が違憲か合憲かは司法審査権の範囲外という、いわゆる「統治行為論」を用いた判決で訴えを退けるケースがみられる。

その結果、安保条約にもとづく米軍の基地運営と軍事活動による人権侵害が起きていても、裁判所が違憲審査権を行使して、憲法にもとづく人権を保障する、人権侵害の被害を救済するといった、三権分立の機能を果たさない不当な状態が続いている。

「統治行為論」とは、条約など高度な政治性を有する問題については、政府や国会などの政治部門の判断にゆだねて処理することが妥当なので、裁判所が合憲か違憲かを審査して判断するのは適切ではなく、裁判所の司法審査権の範囲外であるとする法理論だ。学説上は、その正当性を肯定する説と否定する説があり、見解が分かれている。

砂川最高裁判決では、「統治行為論」という言葉は使われていない。しかし、実質的にはその法理論を用いた判断が示されている。その主旨は次のとおりだ。

「日米安保条約はわが国の存立の基礎に極めて重大な関係を持つ高度の政治性を有する。だから、その内容が違憲か合憲かの法的判断は、その条約を締結した内閣と、それを承認した国会の高度の政治的・自由裁量的判断と表裏を成す点が少なくない。それゆえ、違憲か合憲かの法的判断は、純司法的機能をその使命とする司法裁判所の審査には、原則としてなじまない。したがって、一見極めて明白に違憲無効であると認められない限りは、裁判所の司法審査権の範囲外のものである」

「統治行為論」は元もと、砂川事件裁判で検察側が東京地裁の段階から主張していたもので、日本政府の見解を反映している。

この砂川最高裁判決の判例が権威あるものとして、下級審の裁判所に強い影響力を及ぼし、いわば縛りをかける効果をもたらしている。米軍の基地運営と軍事活動によって、土地の強制使用や騒音公害などの人権侵害が起きていても、裁判所が歯止めをかけていない現実の背後に、砂川最高裁判決のいわば「呪縛」が控えている。これもまた砂川国賠訴訟をめぐる大きな問題である。

沖縄での米軍用地訴訟への影響

「統治行為論」を用いて「日米安保条約は裁判所の司法審査権の範囲外」とした砂川最高裁判決の影響力、つまりは「呪縛」がいかに米軍基地がらみの裁判に及んでいるか。実際の例を見てみよう。

たとえば、沖縄県那覇市（当時、親泊康晴市長）が国に対して起こした「米軍用地違憲訴訟」のケースである。一九九〇年五月二九日の那覇地裁の判決を報じた『朝日新聞』記事「那覇の米軍用地訴訟判決、市側が全面敗訴、強制使用は合法」（九〇年五月二九日夕刊）、『毎日新聞』記事「那覇市米軍用地訴訟、市有地強制使用は合法、米軍提供を認める」（同前）、「判決要旨」（『毎日新聞』九〇年五月三〇日朝刊）を要約、引用しながら説明したい。

それは、国（日本政府）が米軍に基地用地を提供するため、日米安保条約にもとづく地位協定の実施に伴う米軍用地特措法によって、市有地を強制使用してきたのは憲法違反などとして、那覇市が総理大臣を相手取り、強制使用の認定処分の取り消しを求めていた行政訴訟である。

同法は、公式には地位協定の実施に伴う土地等使用特別措置法という名称で、駐留軍用地特措法ともいう。安保条約にもとづいて駐留する米軍に、日本政府が基地用地を提供するために制定された。私有地や公有地を一定の手続きにより強制収用・使用できる規定を設けている。米軍の特権を保障する安保特例法・特別法のひとつである。

国が強制使用していた市有地は、米軍の那覇軍港と普天間飛行場の基地内にあり、合計で約一万九〇〇〇平方メートルの広さである。元もとは第二次大戦末期に沖縄を占領した米軍に強制的に接収され、基地とされた土地だ。

一九七二年の沖縄の施政権返還以後は、同年に制定された公用地暫定使用法（沖縄における公用地等の暫定使用に関する法律）が、さらに七七年からは地籍明確化法（沖縄県区域内における位置境界不明地域内の各筆の土地の位置境界の明確化等に関する特別措置法）が、そして八二年からは米軍用地特措法が適用されて、国が強制使用し、引き続き米軍に提供していた。那覇市はその土地を取りもどそうとして裁判を起こしたのである。

裁判では、日米安保条約・地位協定・米軍用地特措法と憲法九条の関係などが争点となった。原告の那覇市は、「安保条約・地位協定・米軍用地特措法の違憲性、軍用地としての強制使用の認定処分の違法性」を訴え、おおむね次のように主張した。

「米軍の駐留を認め、軍事力発展を日本に義務づける安保条約が、平和的生存権を保障した憲法前文、一切の戦力保持を禁じた同九条二項などに反している以上、米軍用地特措法も違憲無効である。

米軍用地特措法の第三条は、『適正かつ合理的な』用地の使用、収用を義務づけている。しかし、対象地域は市民福祉のために使う義務があり、基地にするのは『適正』ではなく、返還こそ公共の利益に沿う。

仮に米軍用地特措法が違憲でないとしても、問題の土地が戦後の米軍による占領期以降、強制的に収用され続けてきた経緯や、広大な基地に市勢発展を阻まれている現状を考えれば、特措法にいう使用認定の要件である『必要性』や『適正かつ合理的』な理由はなく、強制使用の処分は違法である。軍用地としての強制使用は、私有財産を公的に使用する場合の条件を規定した憲法二九条などに違反する。国防という公益よりも住民福祉という公益を優先するよう求める」

これに対し国側は「安保条約のような高度な政治問題は司法審査になじまない。憲法判断を求めることは許されない」とする「統治行為論」を持ち出して、反論した。その大要は次のとおりである。

「憲法の平和主義は無防備を意味しないし、日本が指揮権・管理権を持たない駐留米軍は憲法九条が禁じた戦力にはあたらない。

米軍への基地提供は安保条約上の責務であり、軍用地の提供は国の安全と国際平和に貢献し、公益性がきわめて高い。地理的にも優れた沖縄での基地提供は合理的で、提供によって失われる利益にまさる。代替地を見つけるのも困難である。

したがって、米軍用地特措法による強制使用の認定処分は適法である」

このように裁判では、「住民福祉」を重視する自治体の視点と「国防」を重視する政府の視点が対立していた。

統治行為論を用いた那覇地裁の判決

那覇地裁（井上繁規裁判長）の判決は、「高度の政治性を有する安保条約は、一見極めて明白に違憲無効であると認められない限りは、司法審査権の範囲外のものである」という「統治行為論」を採用し、違憲か合憲かの憲法判断を避けた。

そのうえで、「安保条約は一見極めて明白に違憲無効である」とは認められず、同条約と「不可分一体である」米軍用地特措法には、「十分な公共性があり、違憲性はない」とした。

さらに同法の適用について、「収用・使用の認定処分をする国側の裁量権」を認め、「適正かつ合理的」などの要件で「国側に裁量権の逸脱ないしは濫用の違法があったとはいえない」とした。すなわち国側の「適法である」との主張を全面的に認めた。一方、原告側の請求はすべて棄却した。判決の主旨は下記のとおりである。

「安保条約はわが国の存立の基礎に極めて重大な関係を持つ高度の政治性を有する。違憲か否かの法的判断は、条約を締結した内閣とこれを承認した国会の高度の政治的ないし自由裁量的判断と表裏をなす。

それゆえ、違憲か否かの法的判断は、純司法的機能をその使命とする司法裁判所の審査には、原則としてなじまない。したがって、一見極めて明白に違憲無効であると認められない限りは、裁判所の司法審査権の範囲外のものである。

憲法九条が禁止した戦力とは、わが国が指揮権・管理権を行使しうる戦力である。外国軍隊〔米軍〕は、わが国が指揮権・管理権を行使しえないものである以上、戦力には該当しない。

安保条約にもとづく米軍の駐留は、一見極めて明白に違憲無効とは認められない。そして、米軍用地特措法は安保条約・地位協定と不可分一体の関係にある。だから、安保条約が違憲であることを前提として、米軍用地特措法による土地の使用認定処分が違憲無効だとする原告の主張は不当なものである。

米軍用地特措法にもとづく土地の使用・収用は、安保条約上の我が国の責務の履行であり、公共のために用いる場合にあてはまる。したがって、同法は憲法二九条に違反していない。

那覇軍港も普天間飛行場も、駐留軍の用に供するための高度の客観的必要性があり、高度の公益性を有する。土地の提供により得られる公共の利益は、これにより失われる利益にまさっている。したがって、国側の認定処分に裁量権の逸脱ないしは濫用の違法があったとはいえない。原告の請求はすべて棄却する」


判決は砂川最高裁判決の「統治行為論」に依拠したものである。安保条約が違憲か合憲かについては「裁判所の司法審査権の範囲外」としながらも、「一見極めて明白に違憲無効であると認められない限りは」という条件を付け、それを都合よく当てはめて「安保条約にもとづく米軍の駐留は、一見極めて明白に違憲無効とは認められない」として、結果的に、米軍の駐留は合憲と結論づけている。

まさに砂川最高裁判決と同じ論理を用いている。しかも、米軍用地の提供に高度の公共性まで認めた。まるで国家の視点に同化したような、国策の論理を優先させた内容の判決だといえる。それは結局、安保条約優先・米軍優先による軍用地の提供の既成事実を追認している。住民の福祉を重視する自治体の視点を退けている。

『朝日新聞』の記事は、「自治体が国の防衛政策を問う、きわめて異例の裁判。判決結果は、今後の沖縄の基地返還闘争を含めた全国の基地訴訟など各方面に大きな影響を与えそうだ」と解説している。

敗訴の結果を受けて、那覇市の親泊康晴市長（当時）は、「政府の裁量権を大幅に認めた判決で到底容認できない」と述べた。那覇市側は控訴を検討した（『朝日新聞』一九九〇年五月三〇日朝刊）。

しかし、同年六月六日、那覇市は控訴を断念した。「最高裁の姿勢から、司法に安保条約違憲論を採用させることは困難」などの理由からだった（『朝日新聞』一九九〇年六月七日朝刊）。

砂川最高裁判決が権威ある判例として、下級審である地裁や高裁に対し重い縛りとなっていることが、那覇市に控訴を断念させたといえよう。

米軍機の飛行差し止め請求を退ける裁判所

砂川最高裁判決の「呪縛」は、米軍機の騒音公害をめぐって基地周辺の住民が起こした飛行差し止め訴訟にも及んでいる。

たとえば一九八一年七月一三日の東京地裁八王子支部での「第一・二次横田基地騒音公害

訴訟」の判決では、砂川最高裁判決の「統治行為論」が実質的に応用され、米軍機の夜間早朝の飛行差し止めの請求が却下された。

この訴訟は、東京都福生《ふっさ》市、羽村市、瑞穂町、武蔵村山市、立川市、昭島市にまたがる米空軍横田基地の周辺住民が、一九七六年と七七年に提訴したものだ。長年にわたり米軍機の騒音に苦しむ住民が、騒音被害に対する損害賠償（一人あたり一〇〇万円）と将来分の賠償（一人あたり月額二万円）、米軍機の夜間早朝（午後九時〜午前七時）の飛行禁止を求めた。原告は第一次が四三名、第二次が一一二名。判決では、過去分の損害賠償だけが認められた。

米軍機の飛行差し止め却下の理由ではやはり、日米安保条約がからむ問題は高度な政治性を有するので、裁判所の司法審査権の範囲外だという論理が使われた。判決文には、こう書かれている。

「米軍に対する軍事施設の提供が、わが国の安全と極東における国際の平和および安全を維持する、という高度の政治目的を有することにかんがみれば、被告〔国〕において米軍に提供された軍事施設の管理運営ないし米軍の活動に対する制約制限を求める行為に出るべきか否かは、それが新安保条約の目的遂行に対しいかなる影響をもたらすものであるかの考慮のもとに、わが国をめぐる国際情勢はもとより、国内の政治・経済・社会事情を総合勘案して決定すべき高度の政治問題であり、被告の統治権の発動たる性質を有するものであって、裁判所においてその当否を一義的に判断することはその性質になじまないものというべきだからである」

よりわかりやい言葉に置きかえると、次のようにまとめられる。

「日米安保条約にもとづく米軍への基地提供には、日本の安全などを維持するという高度な政治目的がある。そのため、日本政府が米軍基地の管理・運営や米軍の軍事活動に対し制約や制限を加えるかどうかは、それが安保条約の目的遂行にどのような影響をもたらすのかを考慮したうえで決定すべき問題である。すなわち、日本をめぐる国際情勢、国内の政治・経済・社会事情を総合的に考え合わせて、決定すべき高度な政治問題なのである。つまり、政府の統治権の発動というべき性質の事柄である。したがって、それが正当か不当かを裁判所が判断するのは、問題の性質になじまないので不適切である」

「統治行為論」という言葉は使われていない。しかし、その法理論を実質的に用いて結論を導き出している。

司法の役割と責任に背を向ける判決

この裁判で国側は、日米安保条約は「国の存立の基礎に極めて重大な関係を持つ高度の政治性を有するものであるから、その内容の違憲性、違法性の判断は、政府・国会などの政治部門の判断にゆだねられており、裁判所の審査権の対象外というべきである」と主張していた。つまり「統治行為論」を前面に掲げていたのである。裁判所は結果的に、このような国側の主張を認める内容の判決を言い渡した。

この国側の主張は、まさに砂川裁判で検察が主張していた「統治行為論」にほかならない。「統治行為論」を用いた前述の砂川最高裁判決の主旨ともぴったり重なる。

「統治行為論」を打ち出した国側と、その主張に沿う裁判所の判決に対し、「横田基地騒音公害訴訟」の原告団と弁護団はもちろん納得しなかった。横田基地の米軍機による騒音被害の実態と住民による騒音公害訴訟について詳述した、『東京・横田基地』（「東京・横田基地」編集委員会編　連合出版　一九八六年）には、次のような批判的意見が記されている。

「この訴訟は、横田基地の存在を否定して、横田基地を撤去しろと訴えているわけじゃないんだろう。横田基地の存在は認めて、横田基地とは共存するが、そのためにはせめて夜間の飛行は止めてくれ。昼間は飛んでもいいが、そのかわり賠償だけはしてくれ、というものだろう」

「横田基地を撤去しろというのなら、それは安保条約が違憲だから、違憲の安保条約に基づく基地の提供は無効だ、という論理だ。この場合にはまさしく安保条約の違憲性が問われる事件となり、それこそ統治行為の問題だろう。〔しかし〕この訴訟は安保条約が違憲だなんて一言も言っていない。あくまで基地の存在を前提とした公害訴訟なんだ」

「ことは住民の健康や生活の破壊という緊急を要する事態だ。裁判所がそんなに簡単に統治行為論に逃げこんでは、住民の被害は誰が救済してくれるというんだ」

「国民は憲法三二条で裁判を受ける権利が保障されている。全ての権利侵害に対し救済の道が開かれている。その頼みの裁判所が、すぐに統治行為論に逃げ込むようでは、国民の裁判を受ける権利すら危ういよ。だから、仮に統治行為が認められるとしても、それはごく限られた最小限に止めるべきだというのが憲法学者の一致するところだ」

「統治行為論」を前面に押し出す政府と、それを受け入れる裁判所に対して、米軍機の騒音公害に長年苦しめられ、人権を侵害されてきた立場から発する批判であり、実感のこもった説得力のある意見だ。

砂川最高裁判決が権威ある判例となって下級審を縛り、「統治行為論」が応用されている。

その結果、住民の人権侵害を救済するという司法の役割と責任に、裁判所は背を向けているとしか言いようがない。そして、米軍機の騒音公害という人権侵害を司法が黙認し、理不尽な既成事実ばかりが積み重なってゆく現実をもたらしている。

「伊達判決」裁判官も「統治行為論」を批判

砂川最高裁判決が用いた「統治行為論」に対し、東京地裁で「伊達判決」を言い渡した伊達秋雄氏も強く批判している。伊達氏は一九六一年に裁判官を退官したのち、法政大学教授(刑法専攻)を務めた。弁護士としても活動し、日米安保と米軍基地に関連した裁判にも関わっている。

その著書『司法と人権感覚』(有斐閣　一九八六年)のなかで、「統治行為論」により裁判所が違憲審査を放棄してしまったら、「憲法擁護という裁判所の使命が果たされないばかりか、人権保障という裁判所の基本的生命は死滅することになる」と警鐘を鳴らし、裁判所の違憲審査権の役割を次のように強調している。

「国政のすべてが憲法を頂点とする法に従って行われることを建前とする立憲主義法治国家において、国の政治が憲法的制約を受けるのは当然のことであって、いかにそれが民主的に決定されたからといって、憲法に違反してもよいということにはならない。たとえそれが高度に政治的な問題であっても同様である。

民主的な法治国家においては、最高度の政治的事項であっても、国民全体の立場から政治的検討を受けるほか、憲法の立場からその合憲性が問われなければならない。裁判所の違憲審査権はこの後者の役割を担当するものである」

裁判所の違憲審査と民主主義の関係については、立憲主義の視点からこう掘り下げて、違憲審査と民主主義は両立すると説いている。

「裁判所の違憲審査は、一見非民主主義的なもののようにみえるけれども、本来憲法が国家の行為に関して一定の基準を定めて、これに従って国家の行為が行われるべきことを定めている場合には、その基準は民主主義的に決定されたものであるから、その基準に従って国家行為を批判することは、憲法に表明された国民の意思を実現するものであり、必ずしも民主主義に反するものともいえない」

さらに、憲法九条に関連して、この高度に政治的な問題をただ政府の判断にまかせておくだけで、「統治行為論」のように「裁判所の審査権の範囲外」に置いていたら、憲法上の歯止めはなくなってしまい、「国民の基本的人権と自由が侵害され」かねないとして、こう訴えている。

「憲法九条は、国の平和と防衛という最高度に政治的な問題について、日本国民が、民主的に、政治的選択を行い、これを今後の平和と防衛にかかわる問題に対処する場合の基準としたものにほかならない。

してみれば、憲法九条にかかわる問題はおおむね高度に政治的な問題であることであろう。もしこれを裁判所の審査権の範囲外におくとすれば、国の防衛に関する政治問題はすべて政府の思いのままになり、憲法上の歯止めは実効のないものとなってしまうであろう。

違憲の処分によって国民の基本的人権と自由が侵害されることは、高度に政治的な問題に関しては起こりえないとはいえない。むしろその逆であるかも知れない。その場合に裁判所が違憲審査を放棄したならば、憲法擁護という裁判所の使命が果たされないばかりか、人権保障という裁判所の基本的生命は死滅することになるといわねばならない」

三権分立と人権の砦としての司法の役割

そして伊達氏は、日本国憲法のもとで三権分立の一角の重責を担い、「人権の砦」といわれる司法がその役割を十分に果たすために、裁判所の違憲審査権（憲法八一条「最高裁判所は、一切の法律、命令、規則又は処分が憲法に適合するかしないかを決定する権限を有する終審裁判所である」）はあると位置づけている。なお、違憲審査権は最高裁だけではなく、終審としてでなければ地裁や高裁にもある。

「国は、政治ないし行政目的を達するために、法律や行政処分によって、個人の権利に干渉し財産その他の利益を侵さざるをえない場合が少なくない。しかし法治国家においては、その必要性があるとしても、それが合法であり合憲である場合にのみ許されるにすぎない。裁判所に与えられた違憲審査権は、違憲の権力行使を無効とすることによって、それ（違憲の権力行使）によって被る個人の基本的人権の侵害を救済するところに、その重大な目的があるというべきである。

民主主義憲法の下において、人権擁護の重責を負わされた裁判所は、違憲審査権という武器を与えられたことによって、政治と行政による違憲違法の権力行使と対決し、十全にその機能を発揮することができるようになったのである」

伊達氏は、砂川最高裁判決にみられる「統治行為論」が、結局は政府の権力行使による既成事実を追認し、三権分立という憲法の基本原則を形骸化させるおそれを深く認識していたのである。「米軍駐留は違憲」と判断した「伊達判決」の背後には、このような認識にもとづく信念があったにちがいない。

違憲審査権が、「人権擁護の重責」を担う裁判所の「武器」として、せっかく憲法に定められているのに、「統治行為論」によってそれを手放すようでは、米軍用地の強制使用や米軍機の騒音被害といった人権侵害を救済できない。結局、政府による既成事実を追認するだけになってしまう。

米軍用地の強制使用や米軍機の騒音公害のように、高度な政治性を有する安保条約にもとづく米軍の駐留が、現に人権侵害を引き起こす要因になっているのだ。にもかかわらず、裁判所は「統治行為論」を楯に、いつまで現実から目をそむけ続けるつもりなのだろうか。

米軍機の騒音公害を止められない司法

また、米軍機の騒音公害をめぐる夜間早朝の飛行差し止め請求に関しては、米空軍横田基地（東京）、米海軍厚木基地（神奈川）、米空軍嘉手納基地（沖縄）、米海兵隊普天間基地（沖縄）、米海兵隊岩国基地（山口）といった、基地周辺住民による数々の訴訟で、裁判所が「日本政府は米軍の飛行場の管理運営、活動を制限できない」として、請求の却下や棄却をし続けている。その背景には、米軍に日本の指揮権・管理権は及ばないとした砂川最高裁判決の影響もあると考えられる。

なお、「却下」とは訴訟の申し立てそのものを不適法などとして門前払いすること、「棄却」とは審理のうえ理由がないとして退けることである。

これまでの各訴訟の判決では、次のような主旨で差し止め請求を棄却している。


「日米安保条約・地位協定と、それにもとづく国内法令には、米軍基地の管理運営と米軍の活動を制限する規定がない。そのため、国（日本政府）は米軍基地の飛行場の管理運営と活動を制限できない。だから、国はその支配の及ばない第三者すなわち米軍の行為である飛行の差し止めをできない。したがって、裁判所は国に飛行差し止めを命じる判決を出せない」


こうした判断は最高裁の判例としても確立されている。一九九三年二月二五日に言い渡された、「第一・二次横田基地騒音公害訴訟」と「第一次厚木基地騒音公害訴訟」の最高裁判決だ。軍用飛行場の騒音公害を住民が訴えた裁判における、初の最高裁判決である。どちらも騒音被害への損害賠償は認めたが、米軍機の飛行差し止め請求は棄却した。

以後、この二つの最高裁判例が元になって、各基地の周辺住民による米軍機の夜間早朝の飛行差し止め請求を退ける判決が続いている。

砂川最高裁判決では、次のような主旨の法的判断がなされていた。

「憲法九条二項がその保持を禁止した戦力とは、わが国が主体となって指揮権・管理権を行使し得る戦力を意味する。つまり、それはわが国自体の戦力を指す。だから、わが国に駐留する外国の軍隊は、憲法九条二項が保持を禁止した戦力には該当しない」

つまり、外国軍隊である米軍に対しては日本政府の指揮権・管理権が及ばないので、駐留米軍は憲法九条が禁じた戦力には当てはまらないというのである。指揮権・管理権が及ばないとは、支配が及ばないということだ。

米軍機の飛行差し止め請求に対して裁判所は、「日本政府はその支配の及ばない第三者すなわち米軍の行為である飛行の差し止めをできない」という理由で次々と退けてきた。それらの判決の背後には、「米軍に対して日本政府の指揮権・管理権が及ばない」とした砂川最高裁判決の影響もあるとみられる。

砂川最高裁判決はめぐりめぐって、「せめて夜だけでも静かな空を返してほしい」という住民の切実な願いを阻む壁ともなっている。米軍機の騒音公害という人権侵害を止められない状況をもたらしている。

米軍機の騒音公害の裁判といい、米軍用地の強制使用に関する裁判といい、そこには砂川最高裁判決の「呪縛」がからんでいる。一九五九年のマッカーサー大使の内政干渉といえる政治的工作と、それに応じた岸信介政権の跳躍上告、そして田中最高裁長官の裁判情報の漏洩という黒い霧に覆われた砂川最高裁判決。それが、六〇年以上にわたって厚い壁となり、住民や自治体の前に立ちはだかっている。米軍の基地運営と軍事活動に対して、日本の行政権や司法権による規制が及ばないという、日米安保体制下の不平等な状況を固定化させている。

砂川最高裁判決はダブルスタンダードの論法

砂川最高裁判決には根本的な矛盾がある。

同判決は、高度の政治性を有する安保条約が違憲か合憲かの法的判断は、「条約を締結した内閣と、それを承認した国会の高度の政治的・自由裁量的判断と表裏を成す点が少なくない」ので、「一見極めて明白に違憲無効であると認められない限りは、裁判所の司法審査権の範囲外」であるとした。

ところが、その一方で、「駐留米軍は憲法九条が禁じた戦力には該当しない」、「米軍の駐留は憲法の前文や九条などに適合こそすれ、一見極めて明白に違憲無効とは認められない」という司法審査をおこない、憲法に適合すなわち合憲の判断を下した。

それは砂川事件裁判における検察側の主張をそのまま受け入れたものだ。検察側は、憲法九条で禁止された戦力とは、日本に指揮権・管理権のある戦力を意味すると限定し、駐留米軍には日本の指揮権・管理権が及ばないので、憲法九条で禁止された戦力には該当しない、と主張していた。

この主張は、一九五二年当時の吉田茂内閣の統一見解、「憲法第九条二項にいう〔戦力の〕『保持』とは、いうまでもなくわが国が保持の主体たることを示す。米国駐留軍は、わが国を守るために米国の保持する軍隊であるから憲法第九条の関するところではない」にもとづいている。つまり、最高裁は政府の公式見解を追認したのである。

しかし、米軍駐留の法的根拠は安保条約なのだから、本来、米軍駐留の合憲性は安保条約の合憲性と切り離して判断できるものではない。安保条約を「司法審査権の範囲外」とした以上、論理的には、米軍の駐留も同様に「範囲外」とすべきなのである。

ところが、米軍の駐留については司法審査権を行使して、「憲法の前文や九条などに適合」するとして合憲の判断をしている。あまりにもご都合主義的な使い分けだ。

そして、自らの矛盾は棚に上げて、東京地裁での「伊達判決」が米軍の駐留を違憲としたのは、司法審査権の範囲を逸脱して誤っており、米軍駐留の違憲を前提に刑特法を違憲無効としたのも誤りだとして、同判決を破棄した。まさしくダブル・スタンダード（二重基準）の論法である。

なぜこんな矛盾が生じたのか。それは、安保条約が違憲か合憲かの判断を避けたように見せかけながら、「伊達判決」をくつがえして、米軍の駐留には合憲性のお墨付きを与えたいという考え、政治的配慮が、田中長官ら最高裁の裁判官たちにあったからではないか。そして、それは日米両政府と米軍の望むところでもあった。

「安保法体系」（安保条約――地位協定〔旧行政協定〕――安保特例法・特別法）と「憲法体系」（憲法――法律――政令など）が対立するという戦後日本の「二つの法体系」論を唱えた、憲法学者で名古屋大学法学部教授だった長谷川正安氏は、この最高裁判決の矛盾について、その著書で次のように述べている。

「最高裁判決の最大の矛盾は、一方では、安保条約の違憲・合憲をめぐる法的判断を、司法裁判所の審査には原則としてなじまないといっておきながら、他方では、憲法審査を行い、憲法第九条第二項の『戦力』について政府に追随する解釈をほどこし、駐留米軍の合憲性を認めていることである。判決の前半と後半は完全に矛盾している。そのため、この判決は、『統治行為』論を認めた先例となるのかどうか、憲法学者のなかで長く争われることになる」（『憲法現代史』下　日本評論社　一九八一年）。

そして、この矛盾の背後に、「田中耕太郎を長官とする最高裁に、安保改定交渉についての政治的考慮があった」と推測し、最高裁判決は極めて政治的なものであると、強く批判している。

「安保条約の『高度の政治性』を理由に、憲法第八一条が認めた違憲審査権を自ら放棄するのも政治的であるが、そういっておきながら審査を行い、自民党政府の解釈をそのまま援用するというのも、二重、三重に政治的であった」（同前）

米軍の特権を認める政治的判決

長谷川氏はさらに、政治的な砂川最高裁判決によって駐留米軍は正当化され、その結果、米軍の駐留の法的根拠である「安保条約は違憲ではなくなるし、国会の承認をえていない行政協定も、基地に特別の法益をみとめる刑事特別法も合憲ということになる」と、自著で指摘している（『日本の憲法・第二版』岩波新書　一九七七年）。

米軍の日本における権利・法的地位を定めた行政協定（現地位協定）も、米軍の特別の法益を認める安保特例法・特別法のひとつである刑特法も、安保条約の下で「安保法体系」に連なる。

つまり砂川最高裁判決は「安保法体系」による米軍の基地運営と軍事活動の特権を保障

するものとなった。そして、安保条約を「司法審査権の範囲外」とした結果、「安保法体系」による米軍の特権を、裁判所が「憲法体系」によって制約するのを困難とする状況をつくりだすことになった。

長谷川氏は、安保条約と地位協定（旧行政協定）と安保特例法・特別法が、米軍の事実上の治外法権を保障しているため、出入国管理権、関税自主権、刑事裁判管轄権など国家主権が制限を受けるとともに、憲法が保障する「法の下の平等」（第一四条）が侵害され、「安保法体系」と「憲法体系」が併存・矛盾・対立する事態になっていると述べる。

つまり、「安保法体系」によって、日本国憲法を頂点とする「憲法体系」にもとづく法治国家構造のなかに、米軍に対しては「憲法体系」の規律が及ばない「事実上の治外法権ゾーン」がつくられてしまっている。それは「安保法体系」によって「憲法体系」が侵蝕され、空洞化されていることを意味する。

このように米軍に事実上の治外法権を認める軍事優先の「安保法体系」は、平和主義と国民主権にもとづく「憲法体系」と矛盾している。「戦争の放棄・戦力の不保持・交戦権の否認」（第九条）という平和主義を基本原理とする日本国憲法は、安保条約のような軍事同盟を想定して制定されたものではなかったのである。長谷川氏はその著書において、こう解説している。

「憲法には、およそ軍隊の存在を前提とした条文がなく、したがって、軍事機密を保護したり、軍人の権利・義務を特別にあつかったりする法令を生みだすはずがない。しかし、安保条約から生まれる行政協定（地位協定）、それにもとづく刑事特別法などをみると、憲法では予想しえない、軍人の特権や軍事機密の保護があつかわれている。このように憲法体系と安保法体系とは、全面的にあい容れない二つの法体系であることは、虚心にこれをみればだれも否定できないところである」（『昭和憲法史』岩波書店　一九六一年）

「安保法体系」と「憲法体系」の対立

砂川事件裁判では東京地裁での審理の段階から、「安保法体系」と「憲法体系」という「二つの法体系」の対立の構図が際立っていた。この争点をめぐって検察側と弁護側の主張が正面からぶつかり合っていた。

「安保体制と憲法」（長谷川正安著／『安保体制と法』長谷川正安・宮内裕・渡辺洋三編、三一書房、一九六二年、所収）によると、その構図は次のようにまとめられる。

裁判で検察側は、砂川事件の被告七人は米軍基地への正当な理由のない（許可なしの）立ち入りを禁じた、刑特法第二条違反（一年以下の懲役又は二〇〇〇円以下の罰金若しくは科料）であると主張した。

刑特法は日米安保条約にもとづく行政協定の実施（現地位協定）に伴う特別法のひとつで、米軍基地への正当な理由のない立ち入り、軍用物の破壊、軍事機密の探知・収集などに対する捜査や罰則など、また米軍関係者の犯罪の刑事手続き（捜査・逮捕・身柄引き渡しなど）について定めたものだ。「安保法体系」に含まれる安保特例法・特別法のひとつである。

しかし、仮にこのような事件が日本政府や地方公共団体の管理する飛行場の立入禁止区域で起きたとすれば　軽犯罪法第一条三二号「入ることを禁じた場所又は他人の田畑に正当な理由がなくて入った者」（拘留又は科料）に該当し、重くても拘留ですむはずである。軽犯罪法は「憲法体系」に含まれる一般国内法である。

つまり、立ち入り禁止区域に入るという同じ行為であっても、事件が起きる場所の違いによって、異なる犯罪として扱われるのだ。まさに「安保法体系」と「憲法体系」が矛盾しているからである。

同じ日本国内の事件でありながら、米軍基地に立ち入った行為のほうに重い刑罰を科すことは、日本国民の法益（法律によって保護される利益）よりも米軍の法益を重視するという、主客転倒した法的処理である。

このような矛盾に対して、東京地裁の「伊達判決」は「安保法体系」よりも「憲法体系」を優先させる判断を下した。刑特法という安保特例法・特別法の適用は、どのような人でも適正な手続きによらなければ刑罰を科せられないとする憲法三一条に違反していると判断したのである。

つまり、「憲法体系」を基準として、「安保法体系」の違憲無効を宣言し、二つの法体系の併存を否定しようとした判決なのである。その根底には、米軍の駐留は憲法九条に違反しているとの判断がある。

ところが、日本政府の立場を代表する検察側は東京地裁でも最高裁でも、安保条約にもとづき駐留する米軍は、日本の戦力ではなく、憲法九条には違反しておらず、駐留軍に特別の保護すなわち特権を与えることは国際的な慣行であると主張していた。したがって、米軍基地について特別の保護を与える刑特法には、合理的な理由があり、憲法三一条に違反していないというのである。

そして、高度の政治性を有する条約の締結は政府の統治行為なので、裁判所には安保条約が合憲か違憲かを審査する権利はないと主張した。つまり、憲法を最高法規とする「憲法体系」にもとづいて司法審査をする裁判所に、安保条約が合憲か違憲か判断する権利はないというわけだ。要するに、米軍に特権を認める「安保法体系」は「憲法体系」に優越するという主張なのである。

一方、「伊達判決」を評価する弁護側は、最高裁の審理においても、米軍の駐留はそもそも憲法九条に違反しているので、米軍基地について特別の保護を与える刑特法には、合理的理由がなく、憲法三一条に違反すると主張した。

そして条約よりも憲法が優位にあり、裁判所には違憲審査権があると主張した。つまり「伊達判決」と同じように「憲法体系」を基準として、「安保法体系」を違憲無効とし、二つの法体系の併存を否定しようとする主張なのである。

日米両政府と米軍の望み通りの最高裁判決

そして最終的に、田中長官が裁判長として主導権を握った最高裁大法廷は、米軍の駐留は合憲と判断した。その結果、米軍駐留の法的根拠である「安保条約は違憲ではなくなるし、国会の承認をえていない行政協定も、基地に特別の法益をみとめる刑事特別法も合憲ということ」になった（『日本の憲法・第二版』長谷川正安著）。

砂川最高裁判決は事実上、安保条約の合憲性も認めたことになる。安保条約にもとづく米軍の駐留が合憲なら、米軍の日本における法的地位を定めた行政協定（現地位協定）も、それに伴う安保特例法・特別法の刑事特別法も合憲となる、と連鎖的に判断を下したといえる。

したがって、米軍基地内に許可なしに立ち入った行為に対し、一般の立ち入り禁止区域に入る行為よりも重い刑罰を科す刑特法の規定は違憲という「伊達判決」はくつがえされた。それによって、「憲法体系」を「安保法体系」よりも優位とした「伊達判決」の法的論理もくつがえされたことになる。

つまり、最高裁は「安保法体系」を「憲法体系」よりも優位とする判断をしたのである。それは、主権在民にもとづく独立国家の根幹である憲法の法体系よりも、軍事同盟である安保条約の法体系を上位に置いたことを意味する。

まさに日米両政府と米軍の望みどおりの判決だった。それは、「安保法体系」による米軍の基地運営や訓練実施や戦闘作戦への出動など軍事活動の自由という特権を、裁判所が「憲法体系」によって制約するのを困難とする状況をもたらした。

言い方を変えれば、最高裁判決が「安保法体系」にもとづく米軍の特権を保障したことになる。それは日米安保体制の安定に大いに役立つものだった。「安保法体系」は日米安保体制の法的基盤といえるからだ。

冷戦さなかの当時、日本政府も安保条約によるアメリカとの軍事同盟を通じ、アメリカ中心の資本主義陣営に属して、ソ連中心の共産主義陣営と対峙するという政策をとる以上、日本における米軍の特権を認める必要があり、最高裁判決を歓迎するのはある意味当然だった。

マッカーサー大使らと接触し、裁判情報を漏洩していた田中長官が、この日本政府の政策に同調し、安保条約にも肯定的だったことは、新聞記事などで示されていた彼自身の発言などからもうかがえる。

たとえば一九五九年六月二四日の『読売新聞』夕刊の記事「田中長官を忌避、砂川弁護団が申し立て、予断・偏見は明白」で、大要次のような発言が紹介されている。なお、これは砂川事件の被告の弁護団が、田中長官は砂川事件の重要論点について予断と偏見を抱き、「不公正・不公平な裁判をするおそれ」があるので、裁判官忌避を申し立てたという記事である。申し立て自体はその後、却下された。

「田中長官は一九五一年一月一日付け『裁判所時報』の〝年頭の辞〟で、『世の中には正当な原因による戦争があり、これに訴えることがやむを得ないことが起こりうる』『われわれは肉体の死を賭してもなお精神の生を選ばなければならない』などと述べ、共産主義に対抗するためには戦争に訴えることもやむを得ないとの意見を明らかにしている。

これは検察側が上告趣意書の中で述べている『自衛のための戦争は憲法でも否定していない』という論点と同様の趣旨で、しかも検察主張よりももっと強い表現である」

「また、翌年一月一日付け『裁判所時報』の〝年頭の辞〟でも、『安全保障条約に批判を加える前に、それ以上の熱意をもってまず共産主義の理念と、これを奉ずる国々の現実に批判を向けなければならないはずだ』と述べ、安保条約が国連憲章の精神と一致したとの意見を明らかにしている。この意見も検察側の主張と同様の趣旨である」

このような田中長官の見解は、冷戦下、共産主義陣営に対抗する立場をとり、日米安保条約に肯定的だったことを示している。

結局、砂川最高裁判決は、戦後日本の進路をアメリカ追随の軌道に固定化する役割を果たしたといえる。「安保法体系」という日本の主権を制限する法体系に優越性を持たせ、米軍優位の不平等な日米安保体制の構造を容認したのである

だが、砂川最高裁判決は前述のように黒い霧に覆われた判決である。その黒い霧は、同判決を米軍駐留と安保条約のお墨付きとした、日米安保体制そのものにまで及んでいると言ってもいい。

砂川最高裁判決の「呪縛」を解かんとする国賠訴訟

砂川最高裁判決が安保条約をも違憲ではないとしたかどうかについては、別の見方もある。ただ、日本政府は安保条約と米軍の駐留の合憲性を前提として、米軍基地を受け入れ、地位協定や安保特例法・特別法による米軍の特権を認めているのが現実だ。政府が安保条約を憲法に適合するとしている点について、砂川最高裁判決も次のように言及している。

「(安保条約の)成立に当たっては、時の内閣は憲法の条章に基づき、米国と数次に亘る交渉の末、わが国の重大政策として適式に締結し、その後、それが憲法に適合するか否かの討議をも含めて衆参両院において慎重に審議せられた上、適法妥当なものとして国会の

承認を得たものであることも公知の事実である」

砂川最高裁判決は結局、「日米安保条約は高度の政治性を有し、違憲か合憲かは条約の締結権を持つ内閣と承認権を持つ国会の判断に従うべきだ」という「統治行為論」を持ち出すことで、憲法にもとづく裁判所の違憲審査権と三権分立の機能を放棄し、政府による既成事実を追認したのである。

その結果、安保条約にもとづく米軍の基地運営と軍事活動による人権侵害が起きていても、裁判所が違憲審査権を行使して、憲法にもとづく人権を保障する、人権侵害の被害を救済するといった、三権分立の機能を果たさない不当な状況がもたらされている。米軍優位の不平等な地位協定を中心とする「安保法体系」に歯止めをかけられないでいる。

まさに伊達秋雄氏が指摘したように、「裁判所が違憲審査を放棄したならば、憲法擁護という裁判所の使命が果たされないばかりか、人権保障という裁判所の基本的生命は死滅することになるといわねばならない」という憂慮すべき状況ではないだろうか。

このような砂川最高裁判決の「呪縛」を解かんとする歴史的意義、使命を砂川国賠訴訟は担っているといえよう。もしも国家賠償請求が認められれば、砂川最高裁判決が憲法の保障する公平な裁判所による判決ではなかったこと、つまり違憲の判決だったことが、司法の場で明らかになる。

当然、その効力も失うことになり、同判決に依拠した「統治行為論」や、米軍に日本の指揮権・管理権は及ばないので、米軍機の飛行差し止めなどの規制ができないという論理に、裁判所は縛られることもなくなるはずだ。「憲法体系」によって「安保法体系」に歯止めをかけられるようになるはずだ。

また、砂川国賠訴訟の結果がどうあれ、そもそも強い影響力を持つ最高裁判例といえども、絶対的な拘束力を持つわけではない。憲法七六条「すべて裁判官は、その良心に従い独立してその職権を行い、この憲法及び法律にのみ拘束される」とあるように、裁判官が拘束されるのは憲法と法律だけである。当然、「憲法体系」にもとづき最高裁判例をくつがえす判決もなし得るのである。

砂川国賠訴訟は、「安保法体系」による米軍優位の不平等な日米安保体制の構造を根本から問うている。と同時に、三権分立と人権の砦としての司法の覚醒をうながすものでもある。

第四章

集団的自衛権の行使と砂川最高裁判決は無関係

集団的自衛権の行使容認へ大転換

安倍政権（当時）は二〇一四年七月一日の閣議決定で、集団的自衛権の行使は違憲という従来の政府見解を一八〇度変え、行使容認へ大転換させた。日本は憲法上、自国だけを防衛する個別的自衛権のみ行使できるという長年の政府見解を一方的にくつがえしたのである。

これまで、個別的自衛権のみ行使できるとの政府見解にもとづき、専守防衛の原則——日本への武力攻撃による急迫・不正の侵害に対し、これを排除するために他に適当な手段がないとき、必要最小限度の実力行使が許される——が立てられてきた。しかし、安倍政権は集団的自衛権の行使容認によって、実質的に専守防衛の原則を踏み越えた。

それを正当化するために持ち出したのが、砂川最高裁判決である。同判決は「個別的、集団的を区別しないで、日本国に固有の自衛権があると認めている」と、安倍政権は主張した。二〇一五年九月一九日に、集団的自衛権の行使を解禁する安保法制案（戦争法制案）を、国会で強行成立させるのに利用した。

集団的自衛権とは、「自国と密接な関係にある外国に対する武力攻撃を、自国が直接攻撃されていないにもかかわらず、実力をもって阻止すること」である（一九七二年の日本政府見解）。

「実力をもって阻止する」とは当然、武力行使、軍事力の使用を意味する。端的に言えば、他国のために参戦するということだ。「自国と密接な関係にある外国」として想定されているのは、もちろん日米安保条約という軍事同盟を結ぶアメリカである。

安保法制は、「わが国と密接な関係にある他国に対する武力攻撃が発生」した場合に、集団的自衛権を行使できる「存立危機事態」という曖昧な概念を新たにつくりだした。そして、「存立危機事態」における集団的自衛権の行使の三要件（「新三要件」）を次のように定めた。

①わが国の存立が脅かされ、国民の生命、自由および幸福追求の権利が根底からくつがえされる明白な危険があること。
②これを排除し、わが国の存立を全うし、国民を守るために他の適当な手段がないこと。
③必要最小限度の実力行使にとどまるべきこと。

しかし、どれも抽象的な表現で具体的な規定ではない。厳密さに欠ける。だいたい、「わが国と密接な関係にある他国」に対して、いったいどのような「武力攻撃が発生」したら、「わが国の存立が脅かされ、国民の生命、自由および幸福追求の権利が根底からくつがえされる明白な危険」が生じるというのか。その因果関係はきわめて曖昧である。そもそも、「明白な危険」なるものの判断基準は、いったい何なのか。具体的に何が起きたら「明白な危険」

なのか。疑問は次から次に湧いてくる。

結局、時の政権の考え方しだいで、どうにでも解釈でき、判断できるようになっている。政権に都合のいい拡大解釈のおそれが高い。

安倍首相は安保法制案の国会審議の答弁で、「〔集団的自衛権の行使の〕新三要件を、満たすか否かの判断はわが国が主体的におこなうものであり、米国に言われるままに武力を行使することになるといったことは断じてない」と言い切り、政府の判断に加えて「国会の承認を求めることになる」と説明している（衆議院本会議　二〇一五年五月二六日）。

しかし、いまや日本政府の政治的体質とも化した対米追従の姿勢からして、それはきわめて疑わしい。はたして主体的な判断などできるのだろうか。国会承認が必要といっても、政府・与党が数の力にものを言わせて押し切るのが常である。

日本政府がアメリカ政府から、集団的自衛権の行使を求められ、米軍への協力を要請された場合、事態を「新三要件」と照らし合わせたうえで、ケースバイケースで独自に判断して断れたりするとはとても考えられない。結局はアメリカの戦略・政策に引きずられていくのではないか。アメリカの戦争に巻き込まれるリスクがあまりにも高い。

砂川最高裁判決を曲解する安倍政権

そもそも砂川最高裁判決は、安倍政権が主張するような集団的自衛権の行使を認めたわけではない。第一、裁判において集団的自衛権は争点になってもいない。多くの憲法学者が指摘するように、安倍政権の主張は曲解である。

たとえば憲法学者の長谷部恭男早稲田大学教授は、砂川最高裁判決で問題になったのは、「日米安全保障条約の合憲性、より厳密には安保条約に基づく米軍の日本への駐留が合憲か違憲か」という点であり、安保条約は「日本の個別的自衛権とアメリカの集団的自衛権の組み合わせで、日本の安全を保障しようというもの」だと説明し、次のように指摘している。

「〔安倍政権は〕砂川事件最高裁判決から、『わが国が、自国の平和と安全を維持しその存立を全うするために必要な自衛のための措置をとりうることは、国家固有の権能の行使として当然のことといわなければならない』という部分を抜き出していますが、この部分を含む段落の結論は、『憲法九条は、わが国がその平和と安全を維持するために他国に安全保障を求めることを、何ら禁ずるものではない』。

〔つまり〕九条は日本がアメリカに安全保障を求める〔安保条約を結ぶ〕ことを禁じて

いないと言っているだけです。この結論を支えるために、『自衛の措置は国家固有の権能の行使』と述べているだけで、日本の集団的自衛権とは関係がありません」(「安保法案はなぜ違憲なのか、長谷部恭男教授に聞く」／『世界』二〇一五年八月号　岩波書店)

このように、砂川最高裁判決の中心は「米軍の日本への駐留が合憲か違憲か」という問題をめぐるものだった。そして、判決は米軍駐留の合憲性を認め、日本が自衛の措置としてアメリカとの間に安保条約を結ぶことは、憲法九条に違反しないと判断した。日本の集団的自衛権の行使の是非についてはまったく論じられてもいないのである。

なお長谷部教授は、安保法制の法案が国会で審議されていた二〇一五年六月、衆議院憲法審査会に参考人として出席し、同じく参考人で憲法学者の小林節慶応大学名誉教授、笹田栄司早稲田大学教授とともに、集団的自衛権の行使を認める安保法制案は憲法違反と明言して大きな反響を呼んだ。

砂川事件裁判の元弁護団による批判

多くの憲法学者と同じように、安倍政権の主張をきびしく批判したのが、砂川事件裁判の弁護団に加わっていた弁護士たちである。二〇一四年五月九日、元弁護団の有志二二人が連名で発表した「砂川刑特法事件弁護団声明、砂川刑特法事件最高裁判決と集団的自衛権」は、同裁判に直接関与し、裁判の争点などを熟知した当事者の視点から、大要次のように説いている（『砂川判決と戦争法案』砂川判決の悪用を許さない会編　旬報社　二〇一五年）。

「最高裁判決は、集団的自衛権問題に関して――直接的にせよ間接的にせよ――判断を示したものではなく、まして集団的自衛権の行使の可否については判断はおろか示唆さえもしていない。〔裁判の〕主要な争点は、日米安保条約や行政協定など『国際条約』の合憲性（憲法九条等への適否）であって、わが国固有の自衛権の存否・内容、集団的自衛権の行使の可否などではなかった。

したがって、わが国固有の自衛権の問題は、日米安保条約等とそれに基づく米軍駐留の憲法九条等への適否といった主要な争点を判断するのに必要な限りでふれられていて、前提的・付随的な問題として取り扱われるにとどまっている。

この判決が論じているのは、あくまでわが国の平和と安全が脅かされる場合に、安全等を確保・維持するための『個別的自衛権』であって、『集団的自衛権』とは無関係であることに疑問の余地がない。集団的自衛権の問題にふれた部分はもちろんのこと、何らかの示唆を与えるような判示さえ、どこにも見当たらないのである」

なお同声明は、二〇一四年七月一日の閣議決定にいたる与党協議で、高村正彦自民党副総裁（当時）が砂川最高裁判決と集団的自衛権の行使容認を結びつけようとしていたことに、対抗して出された。

日本弁護士連合会も「安全保障法制改定法案に対する意見書」（二〇一五年六月一八日）を発表し、法律家の立場から安倍政権の主張をきっぱりと否定した。

「〔砂川最高裁判決は〕日本に駐留する米軍は、憲法第九条第二項が保持を禁止した戦力には当たらないこと、及び日米安保条約は高度の政治性を有するものとして、その違憲性の判断は司法審査になじまないことを判示したものである。そこでは、わが国の集団的自衛権のことなど全く争点になっておらず、したがってそれは判断対象ではないし、判決理由の中でも何も触れられていない。

そして、政府も、この砂川事件判決後も、憲法第九条の下では集団的自衛権の行使は許されないとの見解を積み上げてきたのであり、それは、砂川事件最高裁判決が集団的自衛権についての判例ではないからこそである」

日本は集団的自衛権を憲法上行使できない

砂川事件裁判の元弁護団のひとりで、前出の「弁護団声明」にも加わった内藤功弁護士も、集団的自衛権の行使は憲法上許されないという政府見解は、安倍政権の閣議決定による転換まで、砂川最高裁判決の以前も以後も一貫していた点を重視すべきだと訴える。

「内閣法制局は、その職分上、当然、砂川最高裁判決を熟読精査して整合を期したはずです。内閣法制局が、もし、最高裁判決が集団的自衛権行使を容認する立場に立っていると判断しておれば、当然、内閣法制局の答弁、解釈に、そのことが反映されているはずだが、そのような形跡はまったくありません。

内閣法制局は、砂川最高裁判決が、高度の政治性のある問題については、裁判所の司法審査権は及ばず、一次的には内閣の『判断に従うべく』としたのを承けて、『集団的自衛権行使は憲法上許されない』とする解釈を長年にわたり定着させてきたとみるべきです」

(「今の情勢のもとで『二つの砂川判決』を考える」内藤功著/『砂川判決と戦争法案』所収)

一九五九年一二月の砂川最高裁判決より以前も、日本政府はむろん集団的自衛権の行使を容認してはいなかった。

日米安保条約(一九六〇年の安保改定以前の旧安保条約)の前文に、「国際連合憲章は、すべての国が個別的及び集団的自衛の固有の権利を有することを承認している」とあったように、日本国も国際法的に個別的自衛権と集団的自衛権の両方を有しているとされていた。しかし、憲法上は個別的自衛権のみ行使でき、集団的自衛権は行使できない。これが政府の一貫した見解だった。

砂川最高裁判決と同じ一九五九年当時の国会においても、集団的自衛権の行使は認められないと、当時の林修三法制局（現・内閣法制局）長官が次のように答弁していた（一九五九年三月二日、衆議院予算委員会）。

「国際法的には日本の個別的あるいは集団的自衛権が認められている。ただ先ほどから申し上げるように、日本の憲法あるいは自衛隊法から申せば、今の自衛隊は日本自身の防衛のために動くということであって、他国の防衛のために動く、他国の領土に出て行って動くということは考えられない」

「日本の憲法あるいは自衛隊法の定めるところによって、自衛隊の任務は決まっている。現在の自衛隊法では、外部からの直接侵略及び間接侵略に対して日本を防衛するという任務しか持っていない。それ以上の任務を持っていない。したがって、外国へ出ていってその外国を援助し、あるいは日本自衛のためといって外国へ出ていくということは、今の自衛隊ではできないことは明らかである」

つまり、日本が「外部からの直接侵略及び間接侵略」を受けたときに自国を防衛する個別的自衛権は、憲法上行使できる。しかし、他国が武力攻撃されたケースで、その他国を援助・防衛する集団的自衛権は、日本も国際法上認められてはいるが、憲法上行使はできない。これが答弁の主旨である。

また林法制局長官は、個別的自衛権と集団的自衛権を認めた国連憲章第五一条に関連しても、日本は集団的自衛権を憲法上行使できないと、こう明言している。

「国連憲章五一条との関連で申せば、これはいわゆる外国がやられた場合に、その外国を軍事行動によって援助しても国連憲章違反ではないというところであって、今の自衛隊はそういう任務を持っていない。自衛隊法からもないし、また憲法の規定からも日本は自国を守るという立場にある」

安保条約と日本の個別的自衛権

さらに林長官は、安保条約にもとづくアメリカ側からの援助・協力に関連して、それは日本側にとって集団的自衛権の問題ではなく、個別的自衛権に関わることだと説明している。

「〈自衛隊は〉日本の自衛のみを目的としている。もちろんそのためにアメリカの援助を得ることはあるわけだが、これは実は集団的自衛権の問題ではないと私は思う。集団的自衛権の問題を云々される場面ではない。日本を守るためにアメリカの協力を得ることは、まさに個別的自衛権の問題である」

つまり、安保条約にもとづいて「日本を守るためにアメリカの協力を得る」場合、その「協力」はアメリカ側にとっては、「自国と密接な関係にある外国に対する武力攻撃を、自国が直接攻撃されていないにもかかわらず、実力をもって阻止すること」すなわち集団的自衛権の行使にあたる。

だが、日本側にとって「協力を得る」場合というのは、あくまでも「日本の自衛のみを目的」とした個別的自衛権を、アメリカの協力を得て行使することなのである。

前出の長谷部教授が指摘したように、安保条約は「日本の個別的自衛権とアメリカの集団的自衛権の組み合わせ」で成り立っている。日本側はあくまでも個別的自衛権で対処するという仕組みである。

砂川最高裁判決は、そのような安保条約を念頭に置いて、「憲法九条は、わが国がその平和と安全を維持するために他国に安全保障を求める〔安保条約を結ぶ〕ことを、何ら禁ずるものではない」と判断している。日本側の集団的自衛権の問題は、その判断の前提にはまったくなっていない。

したがって、砂川最高裁判決が集団的自衛権を認めているというのなら、当然、裁判において このような日本の集団的自衛権に関する当時の政府見解について論議され、判決文でも具体的に言及されたうえで、何らかの明確な判断がなされているはずである。

しかし、そのような論議も、言及も、判断もまったくなされていない。この一点からしても、砂川最高裁判決と集団的自衛権の行使の問題は無関係であり、「砂川刑特法事件弁護団声明」が説くように、疑問の余地はない。

安倍政権の主張はこじつけ

砂川事件の元被告で、砂川国賠訴訟の原告でもある土屋源太郎氏も、

「砂川事件の裁判では、日本の集団的自衛権についてまったく論議されていません。法廷で聞いたこともありません。砂川最高裁判決と集団的自衛権の行使容認を結びつけるのは、どう考えても無理です」

と、砂川事件裁判の当事者の経験をもとに証言する。そして、「安倍政権の主張はこじつけ以外の何ものでもない」と批判する。

「安倍首相の祖父で、砂川最高裁判決当時の岸信介首相も、同判決から間もない一九六〇年三月、国会答弁で、日本は憲法上、集団的自衛権は持っていないと、はっきり述べています。

砂川最高裁判決で集団的自衛権が認められていたのなら、このような答弁をするはずがありません。それ以降の歴代の首相で、安倍首相以外、誰ひとりとして、砂川最高裁判決が集団的自衛権を認めているなどと言ってません。安倍政権は無理やり砂川最高裁判決を引っ張り出して、事実をねじ曲げて利用しているのです」

確かに、砂川最高裁判決から三ヵ月あまり後の一九六〇年三月三一日、参議院予算委員会で、岸首相（当時）は、このように答弁している。

「法制局長官もお答え申し上げたように、いわゆる集団的自衛権というものの本体として考えられておる締約国や、特別に密接な関係にある国が武力攻撃をされた場合に、その国まで出かけて行ってその国を防衛するという意味における集団的自衛権は、日本の憲法上は、日本は持っていない」

一九六〇年の安保改定後の新安保条約の前文にも、「両国が国際連合憲章に定める個別的又は集団的自衛の固有の権利を有していることを確認し」とある。しかし、日本は憲法上、個別的自衛権のみ行使でき、集団的自衛権は行使できない、という政府見解は変わらなかったのである。砂川最高裁判決と集団的自衛権が無関係なのは、この岸首相の答弁からもよくわかる。

その後、池田勇人内閣と佐藤栄作内閣における高辻正巳内閣法制局長官も、砂川最高裁判決は米軍駐留の合憲性以外のことについては判断していないとして、次のように国会答弁をしている。

「判決で言っておるのは、自衛のための措置をとること、それから自衛権があること、そのことだけ判断をしている。そのほかのことについてはふれていない。そのほかのことと言うと語弊があるが、あの場合にはアメリカの駐兵の問題が問題だったわけなので、その点以外のことについて、判決はそれ以上にわたって判断を下していない」（一九六七年三月三〇日、参議院予算委員会）

また、高辻内閣法制局長官は、集団的自衛権が憲法上許されない点についても、こう明言している。

「たとえその他国がわが国と連帯関係にあるというようなことがいわれるにしても、他国の安全のためにわが国が兵力を用いるということは、これはとうてい憲法九条の許すところではあるまいというのが、われわれの考え方である」（一九六九年二月一九日、衆議院予算委員会）

そして、このような一連の政府答弁を集約し、集団的自衛権に関する政府見解としてまとめた文書が、田中角栄内閣による「第六九国会参議院決算委員会提出資料」（一九七二年一〇月一四日）だ。そこにはこう明記されている。

「政府は、従来から一貫して、わが国は国際法上いわゆる集団的自衛権を有しているとしても、国権の発動としてこれを行使することは、憲法の容認する自衛の措置の限界をこえるものであって許されないとの立場に立っている」

「わが憲法の下で、武力行使を行うことが許されるのは、わが国に対する急迫、不正の侵害に対処する場合に限られるのであって、したがって、他国に加えられた武力攻撃を阻止することをその内容とするいわゆる集団的自衛権の行使は、憲法上許されないといわざるを得ない」

「政府は、従来から一貫して」とあるように、やはり一九五九年の砂川最高裁判決の以前も以後も、「集団的自衛権の行使は憲法上許されない」というのが、政府の一貫した見解だったのである。

安保法制の法案が国会で審議されていた、二〇一五年六月一〇日の衆議院「我が国及び国際社会の平和安全法制に関する特別委員会」でも、横畠裕介内閣法制局長官（当時）が、砂川最高裁判決は「個別的自衛権、集団的自衛権という区別をして論じているものではない」と取りつくろいの答弁をしたが、宮本徹議員（共産党）の「集団的自衛権については何もふれていないですよね」との指摘に、「集団的自衛権についてふれているわけではない」と認めている。

前出の内藤弁護士が強調するように、集団的自衛権の行使は憲法上許されないとの政府見解は、まさに安倍政権の閣議決定による転換まで、砂川最高裁判決の以前も以後も一貫して変わらなかったのである。

政府がとり得る措置は憲法の範囲内に限られる

安倍政権はじめ砂川最高裁判決を集団的自衛権の行使容認の根拠と主張する者のなかには、同判決に次のような集団的自衛権の行使容認の記述があると強調するケースもみられる。

「一国が侵略に対して自国を守ることは、同時に他国を守ることになり、他国の防衛に協力することは自国を守る所以でもある。換言すれば、今日はもはや厳格な意味での自衛の観念は存在せず、自衛はすなわち『他衛』、他衛はすなわち自衛という関係があるのみである。従って自国の防衛にしろ、他国の防衛への協力にしろ、各国はこれについて義務を負担しているものと認められるのである」

しかし、これは田中最高裁長官が補足意見として、個人的見解を述べたものにすぎない。この点について、砂川国賠訴訟の弁護団代表、武内更一弁護士が明快にこう論破している。

「それは法廷意見（判決主文を導いた〔裁判官らの評議による〕多数意見）ではなく、その後に付された『裁判官田中耕太郎の補足意見』の中で、同裁判官が『自分の見解』として述べているにすぎず、他の裁判官は誰も言っていない。

このような田中裁判官一人の個人意見をもって、集団的自衛権行使容認の根拠とするのは、溺れる者が一本の藁にもすがり付こうとするものというほかはなく、一国の内閣がすることではない」（「砂川事件最高裁大法廷判決は集団的自衛権行使容認の論拠にならない」武内更一著／『砂川判決と安保法制』土屋源太郎編著　世界書院　二〇一五年所収）

また、砂川最高裁判決の「国際連合憲章がすべての国が個別的および集団的自衛の固有の権利を有することを承認している」という記述をもって、集団的自衛権の行使容認の根拠と主張する向きもある。しかし、それも曲解にすぎないと、武内弁護士は次のように否定している。

「これは安保条約が『わが国の存立の基礎に極めて重大な関係をもつ高度の政治性を有する』との判断を導く理由の一つとして国連憲章五一条を指摘したにすぎず、日本が現行憲法下で集団的自衛権を行使できる根拠として述べられたものではない。

そもそも、国連憲章がどのように規定していようとも、各国の政府が執り得る措置は、各国の憲法が許容する範囲に限られるのは自明であって、日本が集団的自衛権を行使し得るとの結論が導かれるものではないし、〔最高裁〕大法廷判決もそのような結論は下していない」（同前）

軍事協力を拡大する日米防衛協力のための指針

このように集団的自衛権の行使容認と砂川最高裁判決を、無理やり結びつけようとする安倍政権の主張は、牽強付会としか言いようがない。

土屋源太郎氏はさらに、砂川最高裁判決を集団的自衛権の行使容認の根拠とすべきではない理由として、「砂川最高裁判決は『汚された判決』であり、そもそも判決としての正当性を欠いている」と強調する。

「私たちが国賠訴訟で訴えているように、砂川最高裁判決の裏側では、田中最高裁長官からマッカーサー大使らへの裁判情報の漏洩が起きていました。だから、憲法三七条が保障する『公平な裁判所』による判決ではなかったのです。そういう意味で『汚された判決』なのです。そんな憲法違反の『汚された判決』に正当性はありません。こうした違憲の判決に依拠する安倍政権の主張は、根本的にまちがっています」

しかし、安倍政権はこの「根本的なまちがい」も無視し、国会内外の多くの反対意見、抗議活動も押し切って、集団的自衛権の行使を認める安保法制を強引に制定した。その背景には、アメリカの強い意向があり、それに呼応する安倍政権の軍事大国化の思惑があるとみられる。

二〇一五年九月の安保法制の成立は、同年四月二七日に発表された「日米防衛協力のための指針」(日米新ガイドライン)すなわち日米共同軍事作戦・戦争計画を具現化させるための、重要な一環である。

同指針は、日本側とアメリカ側の集団的自衛権の行使を前提に、「アジア太平洋地域及びこれを超えた地域」という、全世界的な「切れ目のない、力強い、柔軟かつ実効的な日米共同の対応」を主要な目的として掲げている。

しかも「日本に対する武力攻撃が発生した場合」の「対処行動」だけでなく、「日本以外の国に対する武力攻撃」への「対処行動」についても、自衛隊と米軍が協力して実施する作戦の内容を示している。この「日本以外の国」が主にアメリカを想定していることは言うまでもない。まさに集団的自衛権の行使を前提に作戦の内容が策定されているのである。

具体的には、自衛隊による米軍の武器等の防護、米軍部隊員の捜索・救難、機雷掃海（海中の機雷を取り除く）や軍艦の護衛、弾道ミサイルの迎撃と情報交換、補給・輸送などの後方支援（兵站《へいたん》支援）といった作戦を協力しておこなうとした。

つまり世界中どこでも、地理的な制限を設けず、米軍の軍事作戦に自衛隊が協力する態勢づくりを目指している。それは、「日本国の施政下にある領域」と「極東」を地理的対象とした、本来の日米安保条約の枠組みを大きく破っている。勝手に拡大している。安保条約違反ともいえる内容なのである。

そのような重大な問題点をはらむ指針を、国会の審議も承認も経ずに、日米安全保障協議委員会という日米両政府間の政策協議の場で合意して決めたのだ。同委員会は、日本側の外務大臣と防衛大臣、アメリカ側の国務長官と国防長官で構成されていることから、「ツー・プラス・ツー」と呼ばれる。安保条約第四条「締約国は、この条約の実施に関して随時協議し――」にもとづき、一九六〇年に設置された。

実際に指針の内容を協議、作成したのは、日米安全保障協議委員会の下部機構として一九七六年に設置された防衛協力小委員会である。日本側メンバーは外務省北米局長と防衛省防衛政策局長と自衛隊の統合幕僚監部の代表、アメリカ側メンバーは国務次官補と国防次官補と在日米大使館・在日米軍・米軍統合参謀本部・米太平洋軍（現インド太平洋軍）の各代表である。つまり指針づくりの実務作業は、この日米の高級官僚と高級軍人が集う密室協議の場で進められたのである。

日米の高級官僚と高級軍人の密室協議で立案

二〇一五年の安保法制をめぐる国会審議では、野党議員から、「日米防衛協力のための指針」が　安保条約の枠組みを踏み越え、米軍との軍事協力を地球的規模に拡大する内容なのに、なぜ国会の審議・承認もなしに政府が勝手に取り決められるのか、という追及がなされた。

それに対して政府側は、同指針が日米いずれの政府にも立法上、予算上、行政上の措置を義務づけるものではなく、法的な権利または義務も生じさせないので、国会承認の対象ではなく、外交関係処理の一環として政府が締結できるものだ、と答弁した。確かに同指針には、こう書かれている。

「指針は、いずれの政府にも立法上、予算上、行政上又はその他の措置をとることを義務付けるものではなく、また、指針は、いずれの政府にも法的権利又は義務を生じさせるものではない」

だが、それを疑わせる一節が、次のように付け加えられている。

「しかしながら、二国間協力のための実効的な態勢の構築が指針の目標であることから、日米両政府が、各々の判断に従い、このような努力の結果を各々の具体的な政策及び措置に適切な形で反映することが期待される」

指針の内容を「具体的な政策及び措置に適切な形で反映する」ためには、実効性を伴わなければならない。実効性がなければ絵に描いた餅にすぎない。「二国間協力のための実効的な態勢の構築」などできるわけがない。

だから政府が実効性のある措置をとるためには、国内法上の効力を持つ法制度の整備が必要になるのはわかりきったことだ。すなわち立法上の措置をとらねばならないのである。そのうえで、それを法的根拠として予算上・行政上の措置が可能となってくる。

指針には、立法上・予算上・行政上などの措置を義務づける文言は記されていない。だが、単に記されていないだけで、実質的には「期待される」という言い回しに、それらの措置をとる義務が含意されていることは明らかだ。だからこそ、安倍政権は安保法制を成立させる必要があったのである。

従来の政府見解でも憲法上許されないとされてきた、集団的自衛権の行使。それを前提とし、しかも安保条約の内容を越える「日米防衛協力のための指針」。それは、とうてい外交関係処理の一環として政府が勝手に締結できるものではない。内容の是非は別として、法的手続きの面で国会での十分な審議と承認が欠かせない性質のものだ。

それを日米の高級官僚と高級軍人が集う密室協議の場で立案し、「ツー・プラス・ツー」の日米両政府高官どうしで取り決めた。そのこと自体が、立憲主義の原則からはずれている。主権在民の原則にもとづく主権者の代表で構成される国会を、「国権の最高機関」とする憲法に反している。

結局、同指針は政府の独断により、一種の対米公約と化した。何がなんでも安保法制を成立させる規定路線が敷かれてしまったのである。

戦争協力のガイドラインと安保法制

日米の作戦協力、実質的な戦争協力のガイドラインを策定した、いかにもきなくさい「日米防衛協力のための指針」。その内容を法制度化し実効性を持たせたのが、安保法制である。二〇一六年三月からすでに施行されている。

安保法制は国際平和支援法と平和安全法制整備法から成る。前者は新しくつくられた法律で、後者は下記の既存の一〇の法律を一部改正したものを束ねている。その一部は法律名の改称もしている。それらの要点は次のとおりである。

◎国際平和支援法

「テロ対策特措法やイラク特措法のような時限立法ではない恒久法として、地域の限定もなく、わが国の平和と安全に関係ない場合でも、国際社会の平和及び安全を脅かす事態等〔国際平和共同対処事態〕として、国連総会や安保理の決議がある場合には、協力支援活動や捜索救助活動等ができることとした。

実施の場所〔現に戦闘行為が行われている現場以外〕や支援活動等の内容については、重要影響事態法と同様の枠組みがとられ、自衛隊を海外に派遣し、他国軍を支援することができるようにした」

〔『安保法制は憲法違反』〔安保法制違憲訴訟の会編　日本評論社　二〇一九年〕〕

◎平和安全法制整備法

「＊武力攻撃・存立危機事態法〔事態対処法〕

集団的自衛権行使の『本体』というべき法律。武力攻撃事態法を改正し、〔『存立危機事態』における〕自衛のための『新三要件』にもとづいて自衛隊が参戦し、『武力の行使』を可能にした。『限定的な』集団的自衛権行使とされている。

＊重要影響事態法

周辺事態法を改正し、政府が『日米安保条約の効果的な運用に寄与することを中核とする重要影響事態』（第一条）と判断すれば、（緊急の必要がある場合には）国会の事前承認なく、自衛隊を『後方支援活動』に海外派兵できる法律。

＊国際平和協力法

国連平和維持活動への自衛隊参加を明記した法律で、ＰＫＯ法と呼ばれている。今回は、ＰＫＯでの自衛隊の新たな任務として、『安全確保活動』や『駆けつけ警護』を追加した。また『武器使用』基準を『任務遂行型』に拡大した。

＊自衛隊法

日本への武力攻撃が起きていない段階から、米軍や多国籍軍を軍事支援する改正。自衛隊法第九五条の『武器防護』を援用し、米軍の艦艇などを防護するための『武器の使用』を認めた。また、人質事件などの救出作戦における『武器の使用』を明記した。

＊船舶検査法

日本への武力攻撃に対処する武力攻撃事態法に明記された他国の船舶の検査を、『重要影響事態』でも実施できるように改正した。

＊米軍行動関連措置法

米軍ばかりでなく、オーストラリア軍や韓国軍など他国軍隊に物品や役務の提供ができるようにした改正。
＊海上輸送規制法
『存立危機事態』でも敵国軍隊の軍用品の海上輸送を規制した。
＊捕虜取扱い法
『存立危機事態』での捕虜の取り扱いを追加した。
＊特定公共施設利用法
日本の港湾や飛行場などの公共施設を、米軍以外の他国軍にも利用可能にした。
＊国家安全保障会議設置法
国家安全保障会議の審議事項に、『存立危機事態』への対処事項などを追加した」
（『戦争法と日米安保』安保破棄中央実行委員会編・発行　二〇一六年』）

専守防衛の原則を破る安保法制

このように安保法制は「平和」「支援」「安全」といった言葉を用いて、プラスのイメージをかきたてようとしている。政府は専守防衛の原則に変わりはないとも主張する。

しかし、安保法制の本質は、長年にわたる専守防衛の原則を破り、地理的な制限もなくして、世界中どこでも、米軍やその主導下の多国籍軍による戦争に自衛隊が協力することを可能にしたものだ。さらに、自衛隊が集団的自衛権の行使によって、米軍支援のために参戦することをも可能にした。

改正前の従来の自衛隊法第三条は自衛隊の任務を、こう定めていた。

「自衛隊は、我が国の平和と独立を守り、国の安全を保つため、直接侵略及び間接侵略に対し我が国を防衛することを主たる任務とし、必要に応じ、公共の維持に当たるものとする」

「直接侵略及び間接侵略に対し我が国を防衛する」とは、すなわち国土防衛に専念すること、つまり専守防衛を意味する。

また同じく第七六条（防衛出動）は、内閣総理大臣は「武力攻撃事態」すなわち「我が国に対する外部からの武力攻撃が発生した事態又は武力攻撃が発生する明白な危険が切迫していると認められるに至った事態」に際して、自衛隊の出動を命じることができると定めていた。

「我が国」に対する「武力攻撃の発生」または「武力攻撃が発生する明白な危険が切迫」という条件のもとに、自衛隊は出動できる。これもまた国土防衛への専念、専守防衛の原則を表す規定である。

ところが、前出の平和安全法制整備法による自衛隊法改正では、この第三条から「直接侵略及び間接侵略に対し」を削除した。

さらに、第七六条にその二として、次のように新たな項目を加え、そのような際にも自衛隊は出動できると改めた。「存立危機事態」で集団的自衛権を行使するケースを想定してのことだ。

「我が国と密接な関係にある他国に対する武力攻撃が発生し、これにより我が国の存立が脅かされ、国民の生命、自由及び幸福追求の権利が根底から覆される明白な危険がある事態」

これは前述した集団的自衛権の行使の三要件のひとつ、「わが国の存立が脅かされ、国民の生命、自由および幸福追及の権利が根底からくつがえされる明白な危険があること」を取り出して、当てはめたものである。

この「存立危機事態」において自衛隊は米軍と協力しながら、武力行使をすることになる。その際、政府がおこなう具体的な対処については、武力攻撃・存立危機事態法（事態対処法）に定めてある。

従来は「直接侵略及び間接侵略」や「我が国に対する外部からの武力攻撃が発生」または「武力攻撃が発生する明白な危険」といった具体的、客観的な条件がつけられ、自衛隊の出動と武力行使のケースは限定されていた。

その限定をはずして、抽象的かつ曖昧な「存立危機事態」というケースを設定し、自衛隊の出動と武力行使の幅を大きく拡張したのが、安保法制である。政府がどう言いつくろっても、これら自衛隊法の改正点に、専守防衛からの逸脱ぶりは端的に表れている。

繰り返し指摘するが、「我が国と密接な関係にある他国」への武力攻撃の発生と、日本自体の「存立が脅かされ、国民の生命、自由および幸福追求の権利が根底からくつがえされる明白な危険」は、いったいどう結びつくのか。因果関係は曖昧きわまりない。「明白な危険」の判断基準も定かではない。

政府も国会答弁などで、「存立危機事態」とはいかなる事態か、個別具体的な状況に即して、情報を総合して客観的、合理的に判断する旨を表明している。要するに、時の政権の主観的な判断に白紙委任するに等しい。

その結果、集団的自衛権を行使した場合、自衛隊が米軍に協力して参戦することになる。つまり武力を行使して、日本が戦争の当事国となる危うさを、安保法制ははらんでいるのである。武力の行使を禁じた憲法九条に違反する法制としか言いようがない。

後方支援活動は戦争の一環

安保法制は「存立危機事態」以外にも、抽象的かつ曖昧な「事態」の概念を新たにつくりだし、並べ立てている。

国際平和支援法では、「国際平和共同対処事態」すなわち「国際社会の平和及び安全を脅かす事態」。

重要影響事態法では、「重要影響事態」すなわち「そのまま放置すれば、我が国に対する直接の武力攻撃に至るおそれのある事態等、我が国の平和及び安全に重要な影響を与える事態」。

しかし、何が起きたら、どのような状況になったら、これらの事態に当てはまるのか、まったく明らかではない。「存立危機事態」と同じように、時の政権の考え方、判断しだいで、どうにでも解釈できる漠然とした言葉を羅列しているだけなのである。

国際情勢をもっぱらアメリカの視点・政策に寄りかかって判断することに慣らされた日本政府に、個々の事態の認定について独自の判断が可能だろうか。結局はアメリカの後ろに付き従うことになるのではないか。

国際平和支援法でも、重要影響事態法でも、自衛隊は地理的な制限もなく海外で、米軍など外国軍隊のために、兵員や武器など装備の輸送、弾薬の提供、燃料などの補給、装備の修理・整備、基地などの建設、通信、負傷兵の治療、捜索救助活動など、幅広い軍事支援ができると定めてある。

安倍政権は、輸送や補給などは「後方支援活動」だと称している。しかし、輸送や補給のない戦闘は成り立たない。それらは軍事用語で「兵站」（ロジスティックス）と呼ばれ、武力行使には欠かせない戦争の一環である。当然、敵側からの攻撃対象となる。兵站線すなわち輸送・補給ラインを担う部隊は恰好の標的とされる。いつ、どこで危険にさらされるかわからない活動なのである。

安倍首相は二〇一五年の安保法制案の国会審議の答弁で、仮に自衛隊が「後方支援活動」の実施中に攻撃されたら、活動を一時休止して退避するので問題はないかのような説明をしていた。

国際平和支援法と重要影響事態法のそれぞれの第二条では、「後方支援活動」（国際平和支援法では「協力支援活動」）は、「現に戦闘行為が行われている現場では実施しない」と定めている。

そして、前者の第七条と後者の第六条では、自衛隊の部隊が「後方支援活動」を実施している場所またはその近傍において、「戦闘行為が行われるに至った場合」または「付近の状況等に照らして戦闘行為が行われることが予測される場合」には、その部隊は「活動の実施を一時休止」または「避難するなどして危険を回避」しつつ、防衛大臣による「活動の中断」の命令を待つ、と定めている。

戦場に足を踏み入れる自衛隊

しかし、自衛隊の部隊が活動の実施中に、仮に攻撃を受ければ、活動を一時休止して避難するためにも、当然、武器を使用して防戦せざるをえない。敵側が攻撃を一時休止して、自衛隊を見のがしてくれるわけがないのである。だから、避難するには応戦しながら避難ルートを確保するしかない。結果的に戦闘状態となるのはわかりきったことだ。

「後方支援活動」において、自衛隊員が武器を使用できるケースは、国際平和支援法と重要影響事態法で、大要次のように定めている（各第一一条）。

自己または共に現場にいる他の自衛隊員と、現場で自己の管理下に入った者の、生命・身体の防護のためやむを得ないと認められる場合に、事態に応じて合理的に必要と判断される限度で武器を使用できる。

生命・身体の防護のためやむを得ないと認められる場合、つまりは活動を一時休止して避難するため応戦せざるをえないケースが起こりうるのを想定して、武器使用の規定が盛り込まれているのだ。

安倍首相も国会答弁で、「（攻撃を受けてやむを得ない場合は）自己保存型の武器の使用になる」と、自衛隊による武器使用の可能性を認めざるをえなかった（二〇一五年五月二七日、衆議院「我が国及び国際社会の平和安全法制に関する特別委員会」）。

しかし、こうしたケースでも、政府側はあくまで武器の使用であって、戦闘とは見なさないという答弁に終始した。

だが、武器を使用して応戦すれば、実質的には戦闘である。「後方支援活動」つまり「兵站支援」が、戦闘の危険性と隣り合わせであるのは、どう考えても当たり前のことだ。政府の説明はごまかしにすぎない。

さらに、国際平和支援法の第八条と重要影響事態法の第七条で定めた、自衛隊による米軍など外国軍隊の戦闘参加者の「捜索救助活動」（救助した者の輸送も含む）も、戦闘の危険を伴うものである。

戦闘参加者とは、「戦闘行為によって遭難した戦闘参加者」を指す。戦闘中の混乱や負傷など何らかの事情で味方部隊からはぐれて取り残された兵士、敵地に不時着したり、パラシュートで脱出して海面を漂ったりしているパイロットなどを想定したものと思われる。

また、「戦闘参加者以外の遭難者が在るときは、これを救助するものとする」という規定もある。米軍などの各種装備の修理や整備に従事する軍属や民間企業の技術者なども想定しているのではなかろうか。

「捜索救助活動」も「後方支援活動」と同じように、「現に戦闘行為が行われている現場では実施しない」とされている。しかし、いつ戦闘が発生するかわからないのはもちろんである。やはり「戦闘行為が行われるに至った場合」または「付近の状況等に照らして戦闘行為が行われることが予測される場合」には、「活動の実施を一時休止」または「避難するなどして危険を回避」しつつ、防衛大臣による「活動の中断」の命令を待つものとする、と定めている。

ただし、「既に遭難者が発見され、自衛隊の部隊等がその救助を開始しているときは、当該部隊等の安全が確保される限り、当該遭難者にかかる捜索救助活動を継続することができる」という例外規定があり、場合によっては、戦場と化した場所での活動続行も認めている。

遭難者の発見前に活動を一時休止して避難するにしても、すでに遭難者の救助を開始したからには部隊の安全を確保しつつ活動を続けるにしても、やはり武器を使用して応戦しなければならないケースが出てくる。結果的に戦闘状態となるのは明らかだ。「捜索救助活動」での武器使用の規定も、前述の「後方支援活動」における場合と同様である。「後方支援活動」も「捜索救助活動」も事実上、流血の戦場に足を踏み入れることを意味している。

米軍部隊の防護の武器使用から戦闘へ

さらに安保法制では、米軍をはじめ外国軍隊の艦船や航空機など武器・装備と部隊員を、自衛隊が防護するための武器使用も可能となった。自衛隊法第九五条が改正され、従来の自衛隊の武器等防護のための武器使用の規定に、その二として追加されたのである。「米軍等の部隊の武器等防護」と呼ばれる。

防護対象は、「自衛隊と連携して我が国の防衛に資する活動（共同訓練を含み、現に戦闘行為が行われている現場で行われるものを除く）に現に従事している」米軍など外国軍隊の部隊である。

防護の際に武器を使用できるのは、「人又は武器等を防護するために必要であると認める相当の理由がある場合」である。そして、「事態に応じ合理的に必要と判断される限度」で武器を使用できる。ただし、刑法上の正当防衛または緊急避難にあたる場合を除き、「人に危害を与えてはならない」とされている。

「武器等」とは、武器・弾薬・火薬・船舶・航空機・車両・有線電気通信設備・無線設備・液体燃料といった、軍隊の幅広い装備を指す。

上記の「自衛隊と連携して我が国の防衛に資する活動」とは、政府の説明によれば、①弾道ミサイルの警戒を含む情報収集・警戒監視活動、②我が国の平和及び安全に重要な影響を与える事態に際しておこなわれる輸送、補給等の活動、③我が国を防衛するために必要な能力を向上させるための共同訓練である。

①は、たとえば米軍のイージス艦が日本海などで自衛隊と連携しておこなう、北朝鮮などの弾道ミサイルの情報収集・警戒監視活動など、②は前述した「重要影響事態」などで、米軍が自衛隊と連携しておこなう輸送・補給などの兵站活動、③は自衛隊と米軍が連携を強めるためにおこなう日米共同訓練を、それぞれ想定したものだ。

自衛隊による「米軍等の部隊の武器等防護」には、地理的な制約がない。原則として世界中どこでも可能である。平時であれ、有事（戦時）であれ、いつでも実施できる。防護の対象も米軍に限定されない。たとえば米軍の同盟軍にあたるイギリス軍やオーストラリア軍なども対象となる。

「米軍等の部隊の武器等防護」はすでに二〇一七年から実施されている。安保法制は現実の運用の段階に入っているのだ。

二〇一七年、北朝鮮の核・ミサイル問題で東アジアの緊張が極度に高まった。核実験とミサイル発射を止めない北朝鮮に対し、トランプ政権は経済制裁に加え、軍事圧力を強めた。安倍政権はそれに同調した。

各種報道によると、二〇一七年五月一日、ヘリコプター搭載護衛艦「いずも」（実質的なヘリ空母）が、「米軍等の部隊の武器等防護」の任務をおびて、海上自衛隊の横須賀基地を出港。その直後に米海軍横須賀基地を出た米海軍補給艦「リチャード・E・バード」と、房総半島沖周辺で合流し、四国沖に向かった。同補給艦は、日本海などで北朝鮮の弾道ミサイルを警戒する米軍艦船への補給任務をおびていた。五月三日には、前日に海上自衛隊の呉基地を出た護衛艦「さざなみ」も加わり、同補給艦の防護にあたった。自衛隊のヘリコプターが同補給艦に着艦する訓練などもおこなった。

防衛省の発表では、自衛隊の「米軍等の部隊の武器等防護」は、二〇一七年は上記の一件のほかに共同訓練中の米軍航空機に対し一件の計二件。一八年は弾道ミサイル警戒を含む情報収集・警戒監視活動中の米軍艦に対し三件、共同訓練中の米軍機に対し一〇件と米軍艦に対し三件の計一六件。一九年は弾道ミサイルの警戒を含む情報収集・警戒監視活動中の米軍艦に対し四件、共同訓練中の米軍機に対し九件と米軍艦に対し一件の計一四件だった。

ただし日時、場所、詳しい状況について、防衛省は「米軍の運用に直結し、活動に影響する」として公表していない（共同通信、二〇二〇年二月一四日）。

このような「米軍等の部隊の武器等防護」中に、仮に北朝鮮など他国の軍隊と米軍の間で偶発的な軍事衝突が起き、米軍艦や米軍機に対してミサイルなど何らかの攻撃がされた場合、自衛隊は米軍の武器等を防護するため、武器を使用せざるをえないだろう。結果的に自衛隊が戦闘に巻き込まれ、日本も戦争の当事国になってしまう事態もあり得る。

こうした危険性を持つ「米軍等の部隊の武器等防護」に関する情報の詳細を、「米軍の運用に直結し、活動に影響する」との理由で非公開とする政府の方針は不当である。これでは国会や報道機関や市民によるチェック、検証もできない。まさに情報隠蔽である。

日本が戦争の当事国となる危険性

このように、安保法制によって日本が戦争の当事国となってしまう危険性は高い。しかも、憲法九条が禁じる武力の行使につながる安保法制は、憲法に反している。

前出の『安保法制は憲法違反』（安保法制違憲訴訟の会編）は、安保法制の違憲性を、まず集団的自衛権の行使容認の問題に的をしぼって、次のように指摘する。なお本書は、二〇一六年四月に東京地裁に提訴された安保法制違憲・国家賠償請求訴訟の原告弁護団がまとめた、最終準備書面を書籍化したものである。

「我が国に対する直接の武力攻撃の場合に、外国からの不法な武力攻撃を排除することが『自衛』であり、そのためにのみ必要最小限度の武力行使が例外的に認められ、これを超える武力行使である集団的自衛権は憲法上認められないというのが、長年にわたる従来の政府解釈であり、定着した解釈として憲法規範となっていた。

新安保法制法により集団的自衛権の行使が容認され、海外で武力を行使することが認められたが、これは武力の行使を禁じる憲法九条一項に違反する。さらにこのように海外で武力を行使する自衛隊が『戦力』であることは否定し得ず、その武力の行使が『交戦権』の行使であることも否定し得ないから、集団的自衛権の行使容認は憲法九条二項にも違反することが明らかである」

また、国際平和支援法や重要影響事態法にもとづく米軍など外国軍隊への「後方支援活動」の違憲性についても、「軍事上の兵站活動そのもの」であり、「他国軍との武力行使の一体化」にほかならず、「海外での実施は、海外での武力行使」と言わざるを得ないとして、こう説いている。

「弾薬の提供や戦闘作戦行動のために発進準備中の航空機に対する給油・整備を加えたことは、『他国による武力行使と一体化した活動であって、自らも武力の行使をおこなったと評価を受けざるを得ない行動』に及ぶ活動内容の拡大であり、『憲法九条一項に違反する活動』を認めることになるのであって、違憲と言わざるを得ない」

「後方支援活動」は武力行使ではないと、日本政府がいくら主張しても、国際的には通用しない。兵站活動そのものであり、客観的には武力行使と同一視されることは確実である。

さらに、「米軍等の部隊の武器等防護」についても、同じように違憲性を指摘している。この活動が「なし崩し的に戦争につながる」ことが強く懸念されている。

「自衛隊の武器使用により、相手国や武装勢力からは自衛隊の反撃とみられ、実質的に集団的自衛権の行使と変わらない事態になりかねないものである。日本が戦争に巻き込まれる危険性が著しく高くなるのであり、武力の行使につながるものであるから、憲法九条一項に違反するものと言わざるを得ない」

安保法制は二重三重にも違憲の法制度

そして、安保法制は、「憲法前文及び九条の恒久平和主義と平和的生存権、戦争放棄、戦力の不保持と交戦権の否定のいずれの条項にも反するもの」であり、憲法違反であると総括している。

そのうえで、違憲の安保法制にもとづき「他国の紛争に自衛隊が出動することにより、日本が戦争当事国となって戦火が日本国内にも及び、国民の生命・生活を危険にさらすことにつながる」と警鐘を鳴らしている。

このようなきなくさい問題だらけの安保法制。それを国会で数の力にものを言わせて成立させた安倍政権は、安保法制の中核にある集団的自衛権の行使容認に砂川最高裁判決をねじ曲げて利用した。軍事同盟としての日米安保体制の強化に利用した。

しかし砂川最高裁判決は、砂川国賠訴訟の原告たちが主張するように、憲法が保障する公平な裁判を受ける権利を侵害した違憲の判決であった。そのような「汚された判決」を利用してつくられた安保法制は、二重三重にも違憲の法制度と言わざるをえない。

砂川最高裁判決が違憲の判決で正当性はないと、司法の場で明らかになれば、そのような違憲の判決に依拠して集団的自衛権の行使容認を正当化した、安倍政権の主張も根本から崩れ去る。

「不公平な違憲の最高裁判決が失効し、正当性を失うということは、米軍の駐留は違憲とした『伊達判決』が再浮上することを意味します」

砂川事件元被告たちの再審請求の弁護団代表だった吉永満夫弁護士がそう指摘するように、それは、基地を自由に使用、運営し、イラク戦争のような日本国外での武力行使にも出動する駐留米軍のあり方を問い直し、日米安保・軍事同盟について再考を迫ることにもつながる。各地でおこなわれている安保法制違憲訴訟にも影響を及ぼすだろう。

砂川国賠訴訟は砂川最高裁判決の黒い霧、違憲の正体を告発する。それはまた、集団的自衛権の行使容認と安保法制のような日米安保・軍事同盟の強化に対する、異議申し立ての意味合いも持っている。

第五章

安保法体系VS憲法体系と「伊達判決」

インド洋での自衛隊による米軍への給油活動

安保法制によって自衛隊の米軍に対する軍事協力・戦争協力の態勢が整えられた。しかし、それ以前から、自衛隊の米軍への兵站支援すなわち軍事協力・戦争協力はおこなわれていた。二〇〇一年の9・11同時多発テロ事件後の米軍によるアフガニスタンでの戦争と、〇三年からのイラク戦争に関わるものだ。

二〇〇一年一二月〜一〇年一月、海上自衛隊はテロ対策特措法（〇八年一月からは補給支援特措法）によってインド洋とアラビア海で、アメリカ、イギリス、フランス、ドイツ、パキスタンなど一一ヵ国の軍艦に洋上給油活動をした。海上自衛隊の補給艦と護衛艦が船団を組み、補給艦が米軍などの軍艦と並走しながら、給油ホースを通じて燃料を送り込んだ。護衛艦は周囲の警戒にあたった。

米軍などの軍艦はインド洋、アラビア海、ペルシャ湾にかけて展開し、アフガニスタンでの米軍などによる地上作戦の支援と、アフガニスタンから逃れた武装組織アルカイダの海上移動阻止・捕捉のための作戦をしていた。

アフガニスタンでの地上作戦支援の一環として、米軍機による空爆もおこなわれた。海上自衛隊の補給艦はこの空爆作戦に関わる米軍艦にも洋上給油をした。たとえば二〇〇七年一〇月一六日の参議院予算委員会での小池晃議員（共産党）の関連質問に対し、石破茂防衛相（当時）が事実上認めている。小池議員はこう質問した。

横須賀基地からイラク戦争に出動して巡航ミサイルを発射してきた米軍艦

「これは米軍の強襲揚陸艦イオウジマである。米軍の発表では、昨年〔二〇〇六年〕九月四日と二二日に、日本の補給艦『ましゅう』からイオウジマに対して給油がおこなわれ、この九月四日と二二日の間にイオウジマの艦載機であるハリアー〔垂直離着陸戦闘攻撃機〕が、アフガニスタンに対して一三六回の攻撃飛行をおこなっている。これはまちがいないですね」

石破防衛相の答弁は次のとおりである。

「海上自衛隊補給艦『ましゅう』は、同年九月四日及び九月二二日に、アメリカ揚陸艦イオウジマに対して燃料補給を実施した。イオウジマへの補給はペルシャ湾外でしている。なお、二〇〇六年九月二六日のアメリカ海軍ホームページを見ると、このハリアーは九月二一日に最後となる一三六回目の任務飛行をアフガニスタン上空で遂行し、不朽の自由作戦を支援するため、短期間ではあるが生産的な任務を終えたというふうに記録がある」

このアフガニスタン上空での「任務飛行」には、空爆も含まれていたのである。

イラク戦争で自衛隊輸送機が米軍兵士を輸送

また二〇〇三年二月二五日には、海上自衛隊の補給艦「ときわ」から米海軍の補給艦に洋上給油された燃料の一部が、横須賀基地（神奈川県）からペルシャ湾に向かう途中の米空母キティホークに間接給油された。キティホークはその後、ペルシャ湾に入ってイラク戦争に参加した。そのほか、アメリカ西海岸や在日米軍基地からイラク戦争に向かう多数の米軍艦にも間接給油がされていた（『朝日新聞』二〇〇三年五月二一日）。

そして、空母キティホークから飛び立ったＦＡ１８戦闘攻撃機などの艦載機は、イラクでの空爆を繰り返したのである。

イラク戦争では、米軍を中心とする多国籍軍がイラクに侵攻し、占領した。アメリカ政府を支持する日本政府は、イラク特措法（〇三年）にもとづき、航空自衛隊を二〇〇三年一二月〜〇八年一二月、陸上自衛隊を〇四年一月〜〇六年七月、イラクに派遣した。

航空自衛隊の輸送機はクウェートを拠点に、イラクとの間を往復して、武装した米兵を中心とする多国籍軍の兵員を多数運んだ。

防衛省の資料によると、二〇〇四年三月〜〇八年一二月、航空自衛隊が空輸した人員延べ四万六四七九人のうち二万三七二七人は米軍の兵員だった。ほかにオーストラリア軍、韓国軍、オランダ軍、ポーランド軍などの兵員が一四四七人。それとは別に各国軍の文官・契約職員・委託業者など五〇六二人、陸上自衛隊関連一万八九五人、航空自衛隊関連一四〇七人、国連関係者二七九九人、外務省等関連一一四三人だった（「イラクにおける人道復興支援活動及び安全確保支援活動の実施に関する特別措置法に基づく対応措置の結果」二〇〇九年）。

バグダッドへの空輸では、地上から武装勢力の携帯ミサイルで狙われたことを示す警報が鳴り、輸送機の機体を急旋回させて回避することもしばしばあった。事実上の戦地への派遣だった。自衛隊は表向きの人道復興支援とは別に、米軍への兵站支援の実績を積んだのである。

このように、自衛隊による米軍への兵站支援すなわち戦争協力がおこなわれた。それは、米軍の空爆や地上部隊の作戦で殺傷され被害を受けたアフガニスタンやイラクの人びとから見れば、日本もアメリカの戦争に加担したことを意味する。

つまり日本は戦争の間接的な加害者の立場に立ったのである。日本人の多くにはその自覚はないかもしれないが、それが現実である。

その現実について問題意識を呼び起こしてくれる判決がある。市民有志が起こした「自衛隊イラク派兵違憲訴訟」の名古屋高裁判決（二〇〇八年四月一七日）である。それは、航空自衛隊による米兵など多国籍軍兵員の空輸が、「他国の武力行使と一体化したもの」であり、戦争と武力による威嚇と武力行使の放棄を定めた「憲法九条一項に違反する」という画期的な判断を示した。地裁では示されなかった判断で、大きな反響を呼んだ。アメリカへの戦争協力を戒めるこの違憲判決の意義は、今日あらためて注目されるべきであろう。

戦争への出撃拠点となる在日米軍基地

さらに、在日米軍基地が訓練と出撃の拠点になっていることで、日本も間接的な戦争の加害者の立場に立っているという現実もある。

朝鮮戦争、ベトナム戦争、湾岸戦争でもそうだったが、在日米軍基地はイラク戦争にも大きく関与した。当時、米海軍の横須賀基地を母港としていた空母キティホークは、FA18戦闘攻撃機などの艦載機を載せ、ペルシャ湾に向かった。巡洋艦カウペンスと駆逐艦ジョン・S・マケインも同行した。

キティホークからは戦闘攻撃機などが五三七五回出撃し、約三九〇トンもの爆弾を投下、カウペンスとジョン・S・マケインはトマホーク巡航ミサイルを約七〇発発射した（『イラク戦争の出撃拠点』山根隆志・石川巌著　新日本出版社　二〇〇三年）。

米空軍の三沢基地（青森県）所属のF16戦闘機も、サウジアラビアの航空基地に出動し、イラク攻撃に参加した。沖縄にある米海兵隊のキャンプ・ハンセンとキャンプ・シュワブの両基地からも、イラク占領後に約三〇〇〇人、次いで約二〇〇〇人の部隊が派兵され、ファルージャの街を包囲して住民をも無差別攻撃する作戦に加わった。

こうした在日米軍の軍事行動によって多くのイラクの人びとが殺傷された。

米空母の艦載機部隊は、二〇一八年三月に米海兵隊の岩国基地（山口県）に移駐するまでは、米海軍の厚木基地（神奈川県）を拠点にして、主に群馬県の渋川市や前橋市などの上空で低空飛行訓練、対地攻撃訓練（射爆撃は伴わない）をしていた。また、厚木基地と岩国基地との間を往復しながら、四国山地や中国山地の上空で低空飛行訓練や対地攻撃訓練を繰り返していた。岩国に移駐後は、中国山地や広島県と島根県にまたがる一帯の上空などで、同じような訓練を続けている。

日本の空で訓練を積んだ米軍機のパイロットが、イラク空爆で殺傷と破壊を実行し、もどってきて、また日本各地の上空を飛び回り、次の戦争に備えて腕を磨いているという現実がある。

在日米軍基地の維持のために、日本政府は年間数千億円ものお金を出している。基地の電気代、ガス代、水道代、施設建設費、日本人従業員の給与などほとんどの経費が、日本の国費（元は税金）で賄われている。

横田基地の周辺上空を低空で訓練飛行する米軍 C130 輸送機（上）
厚木基地の周辺上空を低空で訓練飛行する米空母艦載機 FA18 戦闘攻撃機（下）

このように米軍基地を提供し、財政支援もすることで、日本はアメリカの戦争に協力、加担している。それはやはり、イラクやアフガニスタンで米軍に殺傷された人たちに対して間接的な加害者の立場に立っていることを意味する。

マスメディアでは、戦争の被害者の視点からの報道が少ない。日本がアメリカの戦争に協力している事実もほとんど指摘しない。安倍政権のもとで集団的自衛権の行使を容認し、安保法制という名の戦争法制を成立させた日本は、このままではアメリカとともに戦争の直接の加害者にまで再びなってしまう危険性があることも掘り下げて伝えない。

日本政府は米軍基地からのイラク戦争などへの出撃を容認している。安保条約で定めた「極東」の範囲をはるかに超えているのに。強い疑問を覚えた私は、外務省北米局日米地位協定室に見解を聞いてみた。次のような返答があった。

「米軍部隊が日本の領海や領空を出たあと、移動していった先でどのような任務につくか、日本政府は関知しない。安保条約にも抵触していない」

明らかに安保条約にそむく米軍の出動、出撃を正当化する無責任な見解としか言いようがない。

裁判でも問題となった在日米軍基地からの出動

米軍が在日米軍基地を自由に利用して、日本とは無関係の海外の紛争に介入するため出動している事実は、一九五九年の砂川事件裁判の法廷でも被告側の弁護団によって鋭く指摘されていた。

それは、一九五四年と五八年の「台湾海峡危機」と呼ばれる事態でのケースである。紛争は、中国本土の中華人民共和国政府（共産党政権）と台湾の中華民国政府（国民党政権）の間で、台湾海峡にある金門島と馬祖島をめぐって起きた。

両島は中国福建省の海岸から東に、それぞれ約一五キロと約二四キロの近さにある。台湾の中華民国政府が実効支配し、台湾防衛と大陸反攻の拠点として軍部隊を置き、要塞を築いていた。

一九五四年九月と五八年八月～九月、この金門島と馬祖島に、中華人民共和国政府の人民解放軍が砲撃を浴びせ、反撃する中華民国軍との間に砲撃戦、海戦、空中戦がおこなわれた。台湾を支持するアメリカ政府は、米海軍第七艦隊を台湾海峡に急派した。さらに航空部隊も台湾の基地に派遣した。その際、在日米軍基地が使われた。第七艦隊は横須賀基地から、海兵隊航空部隊は厚木と岩国の両基地から、第五戦術空軍は横田基地などから出動したのである。

米軍は、台湾海峡で中華民国軍と共同の軍事演習を実施した。第七艦隊の巡洋艦と駆逐艦は、中華民国軍の金門島と馬祖島への物資補給の護衛もした。

弁護団は一九五九年八月四日・五日に最高裁に提出した「答弁書」（最高検察庁の上告趣意書に対するもの）で、「台湾海峡危機」の際、新聞や雑誌でも報道された米軍の動きに言及し、このような在日米軍基地を利用する米軍の出動は、日本を戦争に巻き込む危険性があると訴えた。そして、海外の紛争に介入するため出動する米軍の駐留を許容する日本政府の行為は、「政府の行為によって再び戦争の惨禍が起ることのないようにすることを決意」した、日本国憲法前文の精神に違反すると、批判した（「砂川裁判が現在に問いかけること――伊達判決五〇年によせて」内藤功著／『砂川闘争の記』武藤軍一郎著　花伝社　二〇一〇年　所収）。

また、一九五九年九月七日から始まった最高裁での口頭弁論でも、内藤功弁護士がこの問題を取り上げ、同様の主張を展開した。

日本が戦争に巻き込まれる危険性

このような弁護団の主張は、東京地裁「伊達判決」（一九五九年三月三〇日）の主旨とも合致していた。それは次の部分である。「伊達判決」も、在日米軍基地から日本国外に米軍が出動することで、日本が戦争に巻き込まれる危険性を問題視しており、そのような危険性をもたらす米軍の駐留を許す日本政府の行為は、憲法にそむくことだと批判したのである。

「日米安保条約では、日本に駐留する米軍は、日本への武力攻撃に対する防衛のためだけでなく、アメリカが極東における国際の平和と安全の維持のため、戦略上必要と判断した際にも、日本国外にも出動できる。

その場合、日本が提供した基地は、米軍の軍事行動のために使用される。その結果、日本が直接関係のない武力紛争の渦中に巻き込まれ、戦争の惨禍が日本に及ぶおそれもある。したがって、安保条約によりこのような危険をもたらす可能性を含む米軍の駐留を許容した日本政府の行為は、『政府の行為によって再び戦争の惨禍が起きないようにすることを決意』した日本国憲法の精神にもとるのではないか」

そのうえで「伊達判決」は、米軍に基地を提供し協力する日本政府の行為と、米軍の駐留そのものも憲法違反であると判断した。

「このような実質を有する米軍の駐留は、日本政府の要請とアメリカ政府の承諾という意思の一致があったからだ。つまり米軍の駐留は一面、日本政府の行為によるものだといえる。米軍の駐留は、日本側の要請と基地の提供と費用の分担など協力があってはじめて可能となるのである。

こうした点を実質的に考察すると、米軍の駐留を許容していることは、指揮権の有無、米軍の出動義務の有無にかかわらず、憲法第九条第二項で禁止されている戦力の保持に該当するものと言わざるをえない。結局、日本に駐留する米軍は憲法上その存在を許すべからざるものと言わざるをえない」


これは、「伊達判決」が安保条約にもとづき日本に駐留する米軍の実態――在日米軍基地を利用して海外での紛争に介入するため出動する――を把握したうえでの結論である。弁護団はまさにこうした「伊達判決」を踏まえて、在日米軍基地を利用する米軍の出動が、日本を戦争に巻き込む危険性があることを、「台湾海峡危機」での事例を取り上げて論証しようとしたのである。

しかし、最高裁判決はこのような米軍の実態にふれず、米軍の駐留を合憲と判断しており、「伊達判決」とは対極的であった。

裁判の裏側で秘密の連携をしていた日米両政府

検察側は最高裁での審理において、海外の紛争に介入するため出動する駐留米軍の実態が、裁判官の目に重大問題として映らないようにするべく対処した。それは、「台湾海峡危機」の際、米軍は在日米軍基地を使用しなかったと主張することだった。米軍の日本国外での軍事行動のための基地使用を覆い隠そうというのである。

最高検察庁から弁護団側の指摘について聞いた外務省は、マッカーサー大使に相談した。大使はアメリカ本国の国務省に連絡をとった。一九五九年八月二四日、ディロン国務長官代理から駐日アメリカ大使館宛て「秘」電報で、次のような返信が届いた。ジャーナリストの末浪靖司氏が二〇一一年に、アメリカ国立公文書館で発見した解禁秘密文書である。

「コメントをする我々の基本的前提は、太平洋上の米太平洋艦隊の主要な部隊は他の地域と同様、時に応じて日本の海軍施設を使うかもしれないが、日本の国内とその附近に配置された米軍とは見なされないし、日本を基地とするものではないということである」（末浪氏訳／『対米従属の正体』）

第七艦隊など米海軍の太平洋艦隊が時に応じて、横須賀など日本の米海軍基地を使うことは否定していないが、「日本の国内とその附近〔沖縄など〕に配置された米軍とは見なされない」と曖昧にして、言いつくろおうというのである。

最高裁での審理が検察側に有利に運ぶよう、最高検察庁と外務省とマッカーサー大使らアメリカ政府の連携は、さらに続いた。

一九五九年九月一四日、ハーター国務長官から駐日アメリカ大使館宛て「秘」電報には、欺瞞に満ちた内容の指示が書かれていた。国際問題研究者の新原昭治氏が二〇〇八年に、アメリカ国立公文書館で発見した解禁秘密文書である。

「台湾海峡危機の際の米軍に、日本に出入りしている部隊が含まれていなかったという言明は、日本から沖縄や台湾に移った海兵航空団や第五空軍部隊の移動から見て不正確なものとなろう。海兵航空団も第五空軍部隊も第七艦隊所属部隊とはみなされないから、この言明は第七艦隊についてはなし得ても、これに続く日本の基地使用の否定は、事実に照らして台湾海峡作戦の場合には正しくないだろう。というのは、基地は実際に使われたからだ。

これに沿って、検察官は次のように述べることはできよう。『米第七艦隊は一九五八年秋、台湾海峡にいた。第七艦隊は、安保条約のもとで日本に出入りしている部隊ではない。台湾海峡海域での米軍の作戦を支援して、第七艦隊は西太平洋中で同艦隊が利用できるさまざまな基地を活用した』」（新原氏・布川氏訳／『砂川事件と田中最高裁長官』）

「台湾海峡危機」において、在日米軍基地は「実際に使われ」ていた。ところが、それを偽るために、「第七艦隊は西太平洋中で同艦隊が利用できるさまざまな基地を活用した」と、事実をぼかし、ごまかすよう、アメリカ外交のトップである国務長官が指示してきたのである。実に驚くべきことだ。

「第七艦隊は、安保条約のもとで日本に出入りしている部隊ではない」とも述べているが、これもごまかしである。

第七艦隊は「米海軍の編成上では在日米海軍の指揮下にないとしても、作戦行動においては、日本の横須賀基地に寄港し、水、燃料、糧食、医薬品、武器、弾薬等の補給、修理、乗員の休養をして台湾海峡などに出動」しており、在日米軍基地を使っているのは確かなのである（「砂川刑特法事件を再考する」内藤功著／『砂川事件と田中最高裁長官』所収）。

つまり「西太平洋中で同艦隊が利用できるさまざまな基地」には、横須賀基地もまちがいなく含まれているのである。

米軍の出動と基地使用の事実を偽る

このハーター国務長官の指示を含む「秘」電報の内容は、マッカーサー大使から外務省当局者に伝えられ、さらに外務省から最高検察庁に伝えられた。一九五九年九月一七日、アメリカ大使館から国務長官宛ての「秘」電報で、マッカーサー大使はこう報告した。

「関連電報に含まれていた情報は、外務省当局者に伝えた。彼らはこれに深謝し、許可された情報は検察官に伝え、九月一八日午後行われる最終弁論で使うことになると今朝知らせてきた」（新原氏・布川氏訳／『砂川事件と田中最高裁長官』）

この報告どおり、一九五九年九月一八日、最高検察庁の井本台吉検事は最終弁論で、前出のハーター国務長官から駐日アメリカ大使館宛て「秘」電報の内容にもとづく陳述をした。なお、この最終弁論要旨の文中に「一九五七年」とあるのは誤記で、正しくは一九五八年である。

「弁護人の所論の中には、合衆国の日本駐留海軍の一部は一九五四年五月南支那海に、一九五七年台湾海峡に出動し、侵略的行動に出た旨の主張がある。外務省を通じ米大使館に問い合わせたが、『合衆国艦隊の一部が一九五四年五月南支那海に、一九五七年台湾海峡に夫々［それぞれ］存在したが、これらの艦艇には安保条約に基いて日本又はその周辺に配置された艦艇を含まず、またこれらの艦艇は日本の海軍施設を基地として使用しなかった』旨の回答に接した。すなわち日本基地より出動したことのないことは明らかである」（『砂川事件刑事訴訟（公判）記録』CD－ROM「伊達判決を生かす会」編　二〇一一年）

しかし「台湾海峡危機」の際、第七艦隊は横須賀基地からも出動した。それは最高裁での口頭弁論でも、内藤功弁護士が指摘していた。在日米軍基地が「実際に使われた」のは事実である。そこで検察側は、最終弁論で第七艦隊と在日米軍を使い分けて、「すり替え」の論理を用いたと、内藤弁護士は批判する（『砂川刑特法事件を再考する』）。

検察側の「安保条約に基いて日本又はその周辺に配置された艦艇を含まず」との主張は、第七艦隊が在日米海軍の指揮下にない点を強調して、台湾海峡にいた第七艦隊の艦艇は在日米海軍ではなかった、したがって在日米軍基地を使用しなかった、というすり替えなのである。厳正であるべき法廷なのに、最高検察庁はアメリカ政府が事実をねじ曲げて提供した情報にそってごまかしの説明をしたのだった。

このように最高裁の審理の裏側で、日米両政府の秘密の連携があった。アメリカ政府高官が駐日アメリカ大使館を通じて、日本の検察に弁論内容を密かに指示していた。しかも、それは事実をねじ曲げる偽りの内容だった。それがアメリカ政府解禁秘密文書によって浮き彫りになった。

こうした事実と、藤山外相に最高裁への跳躍上告をうながしたマッカーサー大使による内政干渉、田中長官からマッカーサー大使らへの裁判情報の漏洩などをつなぎ合わせてみると、砂川最高裁判決がいかに「日米合作」ともいえる黒い霧に覆われていたかが、あらためてわかる。

日本は真の独立国といえるのか

最高検察庁と外務省とアメリカ大使館とアメリカ国務省の裏面工作、すり替えとごまかしの主張が功を奏したのか、砂川最高裁判決は、米軍の日本国外での軍事作戦のための基地使用、日本と直接関係のない海外での紛争に介入するため出動する駐留米軍の実態にふれず、問題視もしなかった。

それは日米両政府、米軍にとって都合のいいことだった。米軍が日本と直接関係のない海外での軍事作戦のために、在日米軍基地を利用して出動する。出動に備えて、基地に武器弾薬や燃料など必要な装備を備蓄する。基地で装備の修理や整備もおこなう。基地を拠点に日本の陸・海・空を利用して軍事訓練をする。このような米軍のフリーハンドの基地運営と軍事活動を、最高裁判決は「伊達判決」とは異なり問題視もせず、言及もせず、結果的に黙認したことになるからだ。

米軍は「台湾海峡危機」以降も、ベトナム戦争、湾岸戦争、アフガニスタン攻撃、イラク戦争など、日本と直接関係のない海外での紛争に、在日米軍基地から出動し、基地の機能をフル活用してきた。米軍の出動先は安保条約で定めた「極東」の範囲をはるかに越えているが、不当にも日本政府はそれを容認し続けている。

本書の第三章でも述べたように、砂川最高裁判決は米軍の駐留を合憲とし、米軍の日本における法的地位を定めた行政協定（現地位協定）と、それに伴う安保特例法・特別法の刑特法も合憲と判断した。米軍の駐留は違憲、刑特法も違憲と判断した「伊達判決」とは正反対の内容だった。

その結果、「安保法体系」（安保条約——地位協定——安保特例法・特別法）による米軍の基地運営と軍事活動の自由という特権を、裁判所が「憲法体系」（憲法——法律——政令など）によって制約するのを困難とする状況がもたらされた。

「安保法体系」により米軍は多大な特権を得ている。たとえば次のようにである。

米軍基地の場所が限定されず、日米合同委員会（日本の高級官僚と在日米軍の高級軍人による密室の協議機関）で合意さえすれば、原則的に全国どこにでも基地が設定できる「全土基地方式」となっている。

米軍は基地の運営などに「必要なすべての措置をとれる」強力な排他的管理権を持っている。基地からの環境汚染や流れ弾の事故などが起きても、日本側当局は米軍の許可なしには立ち入れない。基地を日本側に返還する際の原状回復やそれに代わる補償義務も負わなくていい。

米軍は日本の関税や租税を免除されている。米軍人は日本の出入国管理の適用除外で、基地を通じて自由に出入国できる。米軍人・軍属の公務中の犯罪（過失致死傷など）の第一次裁判権は米軍側にあり、日本側に第一次裁判権のある公務外の犯罪でも、被疑者の身柄が米軍側にあるときは、日本側が起訴するまでは身柄の引き渡しをしないなど、米軍に有利だ。

横田空域や岩国空域のように米軍が航空管制を一手に握り、民間機の通過を制限して、訓練飛行などに利用する広大な空域もある。日本各地で米軍機の危険な低空飛行訓練も野放しにされている。しかも米軍機は航空法特例法によって、最低安全高度や飛行禁止区域の遵守、夜間の灯火義務など航空法の安全規定の適用除外という、特別扱いを受けている。米軍機墜落事故では米軍が現場を封鎖し、日本側は米軍の同意がなければ現場検証も事情聴取もできない。

基地周辺の住民による米軍機騒音訴訟で、騒音公害として違法性と損害賠償は認められるが、飛行差し止めは認められない。米軍の活動に日本政府の規制は及ばないので差し止めはできないと裁判所は判断している。

さらに地位協定では本来負担しなくてもいい在日米軍の経費までも、「思いやり予算」の名のもとに日本政府が負担している。

このような米軍優位の不平等な状態で、はたして日本は真の独立国・主権国家といえるのか。米軍の基地運営・軍事活動に日本政府は必要な規制もかけられないでいる。米軍という外国軍隊によって主権を侵害され、その結果、憲法で保障された人権も侵害される不当な状態が、えんえんと続いているのである。

それに司法が歯止めをかけようともしない背景には、砂川最高裁判決の大きな影響力、「呪縛」があると、あらためて指摘せざるをえない。

占領時代にさかのぼる米軍特権のルーツ

日米安保体制の根幹をなす「安保法体系」による膨大な米軍特権のルーツは、米軍による日本占領時代にさかのぼる。

一九四五年八月の第二次世界大戦の敗戦で、日本はアメリカなど連合国に占領された。占領軍の主力は米軍で、実質的には米軍が占領を担った。米軍は全国各地で日本軍の基地などを次々と接収し、多くの基地をかまえた。

占領時代、日本政府の国家統治の権限は、連合国最高司令官の従属下（日本政府は「制限の下」と翻訳）に置かれた。連合国最高司令官総司令部（ＧＨＱ）が東京に設置され、そのトップはマッカーサー連合国最高司令官が務めた。

日本政府は同司令官の発する「布告、命令及び指示」（以下、「命令」と総称）を遵守し、実施しなければならなかった。日本が「ポツダム宣言」を受諾して降伏し、連合国との間に調印した「降伏文書」(一九四五年九月二日)の規定にもとづくものだ。

連合国最高司令官の日本政府に対する「命令」は、「指令」「覚書」「書簡」などの形式で次々と発せられた。それらは軍事、政治、治安、経済、司法、社会、文化、報道、教育、宗教など多方面にわたり、占領軍の基地使用と物資・労務・土地などの調達、治安維持、日本の非軍事化と民主化など、占領政策の円滑な遂行に活用された。

日本政府は連合国最高司令官の「命令」に応じるため、一九四五年九月二〇日に緊急勅令「ポツダム宣言の受諾に伴い発する命令に関する件」を制定した。その条文は次のとおりだ。

「政府はポツダム宣言の受諾に伴い、連合国最高司令官の為《な》す要求に係る事項を実施する為《ため》、特に必要ある場合に於《お》いては命令を以て所要の定めを為し、及び必要なる罰則を設くることを得る」

つまり、日本政府は降伏し、「ポツダム宣言」を履行する義務があるので、連合国最高司令官の「命令」に従わなければならない。その「命令」の内容を実施するため、必要に応じて国内法上の措置をとることになった。

これにもとづき、当初は大日本帝国憲法による勅令・閣令・省令といった形式で、「所要の定め」すなわち法的な措置をとった。一九四七年五月の日本国憲法の施行後は、政令という形式に変わった。

「安保法体系」による米軍特権のひとつで、基地用の土地すなわち軍用地に関する特権を、占領時代にさかのぼって見てみよう。

その特権のルーツは、前出の連合国最高司令官の発した各種の「命令」のひとつ、「指令第二号」（一九四五年九月三日）である。同指令の第四部「資源」の項は日本政府に対し、占領軍が使用するための一切の「資源」の提供を命じたもので、次のような規定がある。

「日本帝国政府は連合国最高司令官の委任を受けたる代表者又は各自の区域に於ける占領軍指揮官の指示する所に従い、連合国占領軍の使用の為必要なる一切の地方的資源を連合国占領軍の処分に委《まか》すべし」

占領の延長線上にある米軍特権

占領軍用の土地や物資や労務の調達、基地の工事などの業務を管轄していた政府機関、調達庁（一九五二年までは特別調達庁）が編纂・発行した『占領軍調達史』（五六年）によると、この「指令」が根本的な法的根拠となり、土地、建物、飛行場、物資、労務など占領軍が要求する「資源」を提供しなければならなくなった。

「指令第二号」にもとづき一九四五年九月二五日、連合国最高司令官の「命令」として「日本に於ける物資調達に関する覚書」が出され、土地・建物・物資などに関して占領軍の調達要求は、「調達要求書」（PD＝Procurement Demand）を通じておこなわれることになった。

国有地と国有財産の建物の提供は、「調達要求書」に応じて無償で提供された。しかしそれだけではたりないので、「調達要求書」によって、日本政府が民間の土地・建物などの所有者との間に賃貸借や売買の契約を結び、使用権を取得して提供する方式がとられた（前掲書）。

さらに、土地所有者との契約ができない場合に備え、日本政府は必要な土地・建物を強制的に使用し、所有者に補償金を支払う際の措置として、一九四五年一一月一七日に勅令「土地工作物使用令」を制定した。前出の緊急勅令「ポツダム宣言の受諾に伴い発する命令に関する件」にもとづく法的措置だ。

ただ、その使用令が発動されることはなかった。占領時代、国民の間には「最高司令官の要求は絶対」との考えが行きわたり、土地・建物の所有者は意にそわない場合でも、契約に応じる者がほとんどだったからである（前掲書）。

一九五一年九月八日、対日講和条約（サンフランシスコ講和条約）が結ばれ、日本は主権・独立を回復すると決まった。同時に日米安保条約も結ばれ、翌年二月二八日には日米行政協定（現地位協定）も結ばれた。

米軍は占領軍から駐留軍へと国際法上の地位を変えるが、基地の使用は継続し、軍事活動の自由も実質的に保障されることになった。対日講和条約と安保条約と行政協定は、一九五二年四月二八日に発効した。

発効と同時に、日本は主権・独立を回復した。占領が終われば、「指令第二号」も「日本に於ける物資調達に関する覚書」も「土地工作物使用令」も活用できなくなる。しかし、占領軍から安保条約にもとづく駐留軍へと切り替わる米軍にとって、基地の継続使用と、拡張や新設のための土地収用も必要不可欠だった。

そこで、安保条約に伴い、日本における米軍の権利・法的地位を定めた行政協定（現地位協定）第二五条に、日本政府はアメリカ政府に負担をかけずに、基地を提供し、土地の所有者や提供者に対し補償をするという規定が盛り込まれた。

そして、国有地を基地のために無償で提供する法的措置として、行政協定（現地位協定）の実施に伴う国有財産管理法が制定された。国有地や国有財産の建物の提供については、すでに占領時代、「調達要求書」に応じて米軍に無償で提供されていた。この占領時代の特権の既成事実を継続し、なおかつ基地の拡張や新設のための国有地利用にも備えた法的措置がとられたのだ。

米軍用地の強制使用と特措法

民有地に関しては、占領時代と同じように、日本政府が所有者との間に賃貸借や売買の契約を結び、使用権を取得してから米軍に提供するという方式がとられた。ただし、「調達要求書」を用いるのではなく、日米合同委員会で米軍側から要求が出され、協議・合意したうえで提供する方式だ。

占領時代は、契約ができない場合のために、「土地工作物使用令」が制定されていた。だが、前述のように、それを発動して土地・建物を強制的に使用したケースは起こらなかった。

しかし、占領が終わり、日本が独立を取りもどしたということになれば、「占領から解放されたという国民意識等によって、万一これができない場合には、やむをえず強制権をもって土地建物等を使用収用しなければならない事態が発生することが予測」された（前掲書）。

したがって、「土地工作物使用令」に代わる新たな国内法上の措置が必要となった。それが、行政協定（現地位協定）の実施に伴う土地等使用特別措置法（駐留軍用地特措法や米軍用地特措法ともいう）の制定である。

同特別措置法は、その土地を米軍基地にすることが「適正かつ合理的」であると総理大臣が認めれば、強制的に土地を使用・収用できる仕組みを定めた。その背景を、『占領軍調達史』はこう説明している。

「独立回復という事態の一変は、不動産所有者・関係人の考え方に大きな変化を及ぼし、さらに占領下の接収に際する不満の表面化とも相まって、駐留軍に対する不動産提供業務は、いちじるしく複雑困難となった」

「講和後、借上契約の更新や新規借上契約には契約のための相手方との折衝に手間取り、調達庁側が懇請を重ねても契約者の承諾を得られないケースが多くなった。この場合やむを得ず強制権を発動して使用収用を行ない、軍に提供しなければならないのである」

民有地の借り上げ提供の方式は、米軍側に負担をかけないで基地を提供する仕組みである。その米軍特権の既成事実を維持し、基地の拡張や新設にも備えた法的措置だった。

その後、同特別措置法は米軍立川基地の滑走路拡張計画において、旧砂川町の農民の土地を強制収用しようとする日本政府により発動され、大規模な反対闘争（「砂川闘争」）が起きるなど、米軍用地の確保のために利用された。沖縄でも米軍用地の契約を拒否する反戦地主の土地の強制使用のために利用されている。

連合国最高司令官の「命令」である「指令第二号」と「日本に於ける物資調達に関する覚書」、日本政府の政令「土地工作物使用令」、行政協定第二五条、行政協定（現地位協定）の実施に伴う国有財産管理法と土地等使用特別措置法は、一直線につながって占領期と占領後を結び、実質的に変わらぬ米軍特権を保障している。

占領管理法体系から安保法体系へ

占領時代、「ポツダム宣言」と「降伏文書」にもとづいて、連合国最高司令官が日本政府に発した一連の「命令」と、日本政府がそれらの「命令」に応じるため制定した一連の勅令や政令などを合わせて、「占領管理法体系」（「占領法体系」や「管理法体系」ともいう）と総称する（『資料・戦後二十年史3』（末川博編　日本評論社　一九六六年など）。

その中に、「指令第二号」はじめ米軍の円滑な基地使用と軍事活動の特権を保障するものがあった。占領が終わっても安保条約にもとづき駐留する米軍にとっては、そうした特権の維持は欠かせなかった。

そこで、「占領管理法体系」を引き継いで、占領終結後も米軍の特権を維持するための法体系がつくられた。それが安保条約――行政協定（現地位協定）――安保特例法・特別法という「安保法体系」である。

前出の国有財産管理法や土地等使用特別措置法は、この安保特例法・特別法（計一七）にあたる。ほかにも、最低安全高度・飛行禁止区域の遵守・夜間飛行の灯火義務・騒音基準適合証明の義務などを、米軍には適用除外とする航空法特例法、保安技術基準や乗車定員や積載量の遵守・整備工場への立ち入り検査などを、米軍には適用除外とする道路運送法等特例法、米軍の公用品や軍人用販売機関による輸入品などの関税を免除する関税法等臨時特例法、米軍の軍事機密の探知や基地への許可なしの立ち入りなどを禁じた刑事特別法などがある。

行政協定第二七条（地位協定では第二六条）「この協定の各当事者は、この協定の規定中その実施のため予算上及び立法上の措置を必要とするものについて、必要なその措置を立法機関に求めることを約束する」にもとづく法的措置として制定された。

安保特例法・特別法は、一九五二年四月の占領終結と主権回復をはさんだ、五一年一二月一〇日～五二年七月三一日の第一三通常国会で制定された。各法案の準備作業などで重要な役割を果たしたのが、日米合同委員会である。

同委員会の日本側の初代代表で、外務省の伊関佑二郎国際協力局長（当時）は、日米合同委員会の任務のひとつとして、行政協定の実施に伴う「国内立法措置の緊急処理」をあげ、「合同委員会で合意した細目にもとずいて政府が提出し、今国会において制定された」行政協定の実施に伴う法律として、一七の法律名を記している（「日米行政協定にもとずく合同委員会の交渉経過の概要」伊関佑二郎著／『財政経済弘報』一九五二年八月一一日号）。

この「合同委員会で合意した細目」こそが、米軍の特権に関わるものだ。

日米合同委員会の密約

日米合同委員会は地位協定の運用に関する協議機関である。

現在、日本側代表は外務省北米局長で、代表代理は法務省大臣官房長、農林水産省経営局長、防衛省地方協力局長、外務省北米局参事官、財務省大臣官房審議官。アメリカ側代表は在日米軍司令部副司令官で、代表代理は在日米大使館公使、在日米軍司令部第五部長、在日米陸軍司令部参謀長、在日米空軍司令部副司令官、在日米海軍司令部参謀長、在日米海兵隊基地司令部参謀長。

この一三名で本会議を構成し、その下部組織として施設・財務・労務・出入国・通信・民間航空・刑事裁判管轄権・環境など各種分科委員会、建設・港湾・道路橋梁など各種部会がある。全体で日米合同委員会と総称される。分科委員会や部会には、各部門を管轄する日本政府省庁の高級官僚たちと在日米軍司令部の高級将校らが出席し、実務的な協議をおこなう。そこで合意された事項は「覚書」として本会議に提出、承認される。

協議は基地の提供、各種施設の建設、米軍の駐留関係経費、米軍機に関する航空管制、米軍が使う電波の周波数、訓練飛行や騒音問題、米軍関係者の犯罪の捜査や裁判権、基地の環境汚染、基地の日本人従業員の雇用など広範囲に及ぶ。

日本側はすべて文官だが、アメリカ側は大使館公使を除きすべて軍人で、通常の国際協議ではあり得ない形式だ。アメリカ側は当然、軍事的ニーズを重視する。地位協定は米軍に基地の運営などに「必要なすべての措置をとれる」強力な排他的管理権を認めるなど、そもそも米軍優位であり、それを大前提に協議するのだから、アメリカ側が有利な立場にあるのはまちがいない。

日米合同委員会が開かれるニューサンノー米軍センター

　日米合同委員会の本会議は毎月隔週の木曜日に、ニューサンノー米軍センター（東京都港区の米軍宿泊施設）と外務省で交互に開かれる。分科委員会や部会は、各部門を管轄する省庁や外務省、在日米軍施設で、必要に応じて開かれる。

　合意の要旨はごく一部、公開されている。しかし、議事録や合意文書は原則非公開で、情報公開法により外務省などに開示請求しても不開示となる。国会議員にさえも非公開で、秘密主義を貫いている。

　そのため、外務省や法務省や最高裁など

の秘密文書・部外秘資料、アメリカ政府の解禁秘密文書、在日米軍の内部文書などを調べて実態を探るしかない。そして、関係者以外は立ち入れない密室協議を通じて、米軍に様々な特権を認める秘密の合意すなわち密約が結ばれてきたことがわかった。

たとば、米軍機墜落事故などの被害者が損害賠償を求める裁判に米軍側は不都合な情報は提供しなくてもいい「民事裁判権密約」、米軍人・軍属の犯罪で日本にとっていちじるしく重要な事件以外は裁判権を行使しない「裁判権放棄密約」、米軍人・軍属の犯罪で公務中かどうか明らかでなくても被疑者の身柄を米軍側に引き渡す「身柄引き渡し密約」、基地の日本人警備員に銃刀法上は認められない銃の携帯をさせてもいい「日本人武装警備員密約」、首都圏の上空を覆う横田空域での航空管制を航空法に違反して法的根拠もなく米軍に事実上委任する「航空管制委任密約」、米軍機の飛行計画など飛行活動に関する情報は日米両政府の合意なしには公表しない「米軍機情報隠蔽密約」などである。

密約の全貌はわからないが、「密約体系」と呼べるほど大規模になっているはずだ。それは「安保法体系」と表裏一体化して、米軍特権を保障する構造をつくりあげている。

占領の延長といえる「安保法体系」＋「密約体系」

「安保法体系」により米軍は、「憲法体系」に制約されない基地運営や軍事活動の自由という特権を得ている。たとえば「憲法体系」に連なる航空法の様々な規定を、「安保法体系」に連なる航空法特例法で適用除外され、最低安全高度以下の低空飛行訓練なども勝手におこなっている。

そして、「安保法体系」のもとに日米合同委員会の密室協議による数々の合意が結ばれ、米軍の特権を強固なものにしている。そこには前出の「航空管制委任密約」なども含まれ、一種の「密約体系」を成している。

「安保法体系」も「密約体系」も、実質的に「占領管理法体系」を引き継いだものといえる。占領の延長線上の米軍特権を維持し、また必要に応じて新たな特権を確保するためのシステムといってもいい。「安保法体系」が「密約体系」と一体となって、「憲法体系」を侵蝕しているのである。

はたしてアメリカによる「日本占領管理」を、もう過去の話だとかたづけていいものだろうか。本質的には占領の延長といえる「安保法体系」+「密約体系」を、この先ずっと存続させてもいいのだろうか。

安保改定六〇年の年、日本社会はあらためてこうした問いと向き合うべきであろう。米軍優位の不平等な地位協定の抜本的改定、航空法特例法など安保特例法・特別法の見直し、日米合同委員会の情報公開と密約の廃棄、同委員会の将来的な廃止などに向けた、関心と問題意識の広がりが望まれる。

そのためにも、砂川国賠訴訟を契機に、対極的な砂川最高裁判決と「伊達判決」すなわち「安保法体系」と「憲法体系」の対立という構図を示す砂川事件裁判について、あらためて考える気運が高まってほしい。

「憲法体系」によって米軍に規制をかける

米軍という外国軍隊による主権侵害が、憲法で保障された人権の侵害を引き起こしている。それを改めるには、基地の運営などに「必要なすべての措置をとれる」米軍の排他的管理権を見直し、米軍機の訓練飛行にも制限を加えているドイツやイタリアのようにすべきである。ドイツやイタリアのように国内法を原則として米軍に適用し、必要な規制をかけられるよう、独立国にふさわしく地位協定を抜本的に改定しなければならない。つまり米軍の軍事活動に日本の主権が及ぶように改めるのである。

二〇一八年、全国知事会が初めて地位協定の抜本的見直しを求める提言を発表し、日本政府に要請するなど、同様の問題意識も広がりつつある。全国知事会の提言は、「航空法や環境法令などの国内法を原則として米軍にも適用させることや、事件・事故時の自治体職員の迅速かつ円滑な立入の保障などを明記すること」を求めている。

しかし、日本政府は改定に後ろ向きだ。「運用の改善」と称する小手先の対応ばかりで、米軍の特権を見直そうとする姿勢はない。しかも、駐留外国軍隊には特別の取り決めがない限り受入れ国の法令は適用されない、との見解を示している。

だが、駐留外国軍隊への受け入れ国の国内法の原則適用は、実は国際的な常識である。沖縄県がドイツ、イタリア、ベルギー、イギリスに調査団を送り、日米地位協定と比較してまとめた「他国地位協定調査報告書（欧州編）」（二〇一九年）によると、各国では米軍に対し航空法や環境法令、騒音に関する法令など国内法を原則適用している。低空飛行訓練も高度、飛行時間、訓練区域などに規制をかけている。横田空域のような米軍が航空管制を一手に握る空域もない。基地の排他的管理権も認めず、受入れ国の軍や自治体などの当局者の立入り権も保障されている。

日本とは異なり、「自国の法律や規則を米軍にも適用させることで自国の主権を確立させ、米軍の活動をコントロールしている」のだ（前掲報告書）。

つまり、駐留外国軍隊への受け入れ国の国内法の原則適用が国際的な常識ということは、日本でも「憲法体系」（憲法の下に国内法が連なる）によって、駐留外国軍隊に必要な規制をかけられることを意味する。

裁判所もこれを踏まえて、たとえばドイツなどのように米軍に対し航空法や環境法令、騒音に関する法令など国内法の原則適用にもとづき、米軍機の夜間早朝の飛行差し止めの判決を出せるはずだ。「安保法体系」による米軍のフリーハンドの基地運営と軍事活動に対し、「憲法体系」による歯止めをかけられるはずだ。
司法は砂川最高裁判決の「呪縛」にとらわれることなく、今こそ「憲法体系」に立脚した三権分立の役割を果たすべきであろう。

横田基地に着陸する米軍ＣＶ２２オスプレイ

アメリカの戦略に利用される日本

「安保法体系」＋「密約体系」による米軍特権は、根本的には在日米軍基地を世界中に張りめぐらせた米軍基地ネットワークの一環として有効活用するためのものだ。その基地ネットワークに戦力を前方展開させ、アメリカの世界戦略にもとづいて、いつでも武力による威嚇、武力行使ができる態勢をとっているのだ。

たとえば、日本各地の空で低空飛行訓練を重ねた米空母艦載機はイラク戦争に参加し、空爆をしてきた。横田基地周辺の住宅地上空で、機関銃の銃口を突き出して低空飛行訓練をするＣＶ２２オスプレイは、敵地に潜入して破壊工作や暗殺などをおこなう特殊作戦部隊を運ぶ任務を持つ。それらの訓練は日本の防衛とは関係のない海外での軍事介入に備えるものだ。

横田基地を離陸しようとする米軍の大型輸送機

米軍にとって地位協定は、基地ネットワークの有効活用のために、米軍優位の使い勝手のいい運用をされなければならない。そのための「安保法体系」＋「密約体系」による米軍特権なのである。日本政府もそれに合わせて追随する姿勢をとり続けている。

日米安保について、トランプ大統領はアメリカ側の負担ばかりが大きいと、しきりに不満を口にし、日本に米軍駐留経費の大幅増額を要求している。日本がすでに、地位協定で本来負担する必要のない基地の光熱水費、基地従業員の労務費、新施設の建設費などを、地位協定とは別枠の特別協定により、現行のもので二〇一六年度～二〇年度、総額九四六五億円も駐留経費として差し出しているにもかかわらずだ。

これも米軍すなわちアメリカ政府が、自らに都合よく地位協定を守らず、日本に負担を強いてきた結果である。日本政府は迎合してばかりだ。結局、日本からしぼり取れるだけしぼり取ろうというのが、アメリカの一貫した本音で、トランプ政権になってそれが露骨に表れただけではないか。大統領が誰になっても、その本音は変わらないだろう。

さらに、アメリカ側としては、米日同盟を米英同盟のような共に〝血を流す〟同盟へと変えたい狙いもある。いわゆる「アーミテージ報告」などで日本に集団的自衛権の行使容認を迫ってきたのも、そのためだ。ゆくゆくはイラク戦争やアフガニスタン攻撃のような、アメリカ主導の多国籍軍による武力行使に、日本を参加させたい思惑もあろう。

軍事大国化を目指す安倍政権

安倍政権もそうしたアメリカの狙いに呼応して、軍事大国化を目指しているとみられる。集団的自衛権の行使を認める安保法制を成立させ、米軍への軍事協力の仕組みを整えた。アメリカとの間で軍事機密を共有するための特定秘密保護法も制定した。憲法九条に自衛隊を明記する改憲案には、交戦権を認めない九条二項を空文化させて歯止めを取り払い、事実上の交戦権を可能とする狙いがこめられている。

自衛隊はいまや一定の条件（「新三要件」）のもと集団的自衛権を行使できる組織に変貌した。安保法制によって自衛隊は、海外で米軍など外国軍隊のための兵員や武器などの輸送、弾薬の提供、燃料などの補給、装備の修理・整備、基地などの建設、通信、負傷兵の治療、捜索救助活動、米軍艦や米軍機の防護など、幅広い軍事支援ができる。集団的自衛権を行使する場合は、米軍とともに戦闘まですることになる。もはや専守防衛の自衛隊とはいえなくなっている。日米安保条約からも大きくはみだしている。

安倍政権のもと軍事予算（防衛予算）は増え続け、アメリカからの武器購入も大幅に増加した。自衛隊の軍備は拡大を重ねている。二〇二〇年度の防衛費（軍事費）は過去最高の五兆三一三三億円に達し、六年続いて過去最高額を上回る勢いだ。「中期防衛力整備計画」による一九年度〜二三年度の防衛費として、過去最高の二七兆四七〇〇億円もの巨額が計上されている。

自衛隊は米軍とともに地球的規模で軍事活動ができるよう、海外遠征能力を高めている。装備の大型化・高性能化を進め、機動力・輸送力・攻撃力を向上させている。ヘリ空母、大型の補給艦と輸送艦、空中給油機、垂直離着陸輸送機オスプレイ、水陸両用車などを配備してきた。

二〇一八年一二月に閣議決定された、直近の「防衛計画の大綱」と「中期防衛力整備計画」

では、専守防衛の枠を踏み越えて、敵基地攻撃能力を持つ兵器の導入も決まった。ヘリコプター搭載護衛艦（ヘリ空母）「かが」と「いずも」を、事実上の空母とする改修とＦ３５Ｂステルス戦闘機（短距離離陸・垂直離着陸機）の導入。敵兵器の射程距離外から発射して攻撃できるスタンド・オフ防衛能力として、Ｆ３５戦闘機やＦ１５戦闘機に搭載する長距離巡航ミサイル（射程約五〇〇キロの対艦ミサイル、射程約九〇〇キロの対地ミサイル・対艦ミサイル）も導入する。

日本政府は、自衛隊のオスプレイや水陸両用車の配備も、米海兵隊との共同訓練・演習も、尖閣諸島を含む沖縄など南西諸島の防衛力強化、離島防衛のためだと主張する。ただ、離島防衛用とされる上陸作戦能力や機動力の向上は、将来的な海外での米軍との共同作戦に向けた戦力アップにもつながっている。

自衛隊はイラクやアフガニスタンの戦場帰りの米軍部隊との実戦的な共同訓練・演習に力を入れている。米海兵隊のオスプレイに陸上自衛隊員も乗って、海兵隊員とともに敵地に潜入し、飛行場制圧などを想定した急襲作戦の訓練もしている。

海上自衛隊も米海軍の空母を護衛する共同訓練や、米海軍のイージス艦との迎撃ミサイルの共同訓練もしている。航空自衛隊の戦闘機が米空軍の空中給油機から空中給油を受けて、アラスカの演習場などでの爆撃訓練などにも参加している。米空軍の爆撃機を自衛隊の戦闘機が護衛する共同訓練もおこなっている。

戦争の加害者にも被害者にもならない

この安倍政権の軍拡路線は、自衛隊が安保法制による集団的自衛権の行使や米軍など外国軍隊への兵站支援を、十分に実行できる力を持つためでもあろう。

第四章で述べたように、安保法制によって日本がアメリカの戦争に協力し、戦争の当事国となってしまう危険性は高い。それは、政府の行為によって再び戦争の惨禍が起きるおそれが高まるということだ。安保法制は、「政府の行為によって再び戦争の惨禍が起ることのないようにすることを決意」(憲法前文)し、主権在民の原則を打ち立てた日本国憲法の精神に逆行している。

「伊達判決」は、米軍の駐留は違憲だと判断した。日本が提供した基地が米軍の日本国外への出動に使用され、その結果、「日本が直接関係のない武力紛争の渦中に巻き込まれ、戦争の惨禍が日本に及ぶおそれもある」点を問題視したのである。そのようなおそれ、危険をもたらす可能性を含む米軍駐留を許容した日本政府の行為は、「政府の行為によって再び戦争の惨禍が起ることのないようにすることを決意」した日本国憲法の精神にもとる、すなわち反するとして、違憲判決を導き出したのである。

憲法前文にあるこの「戦争の惨禍」だが、単に日本が武力紛争すなわち戦争に巻き込まれて起きる場合の「惨禍」だけを意味しているわけではない。「政府の行為によって再び」とあるように、日本の中国侵略が引き起こしたアジア・太平洋戦争を踏まえての「戦争の惨禍」である。日本が、日本人がまず戦争の加害者となり、めぐりめぐって戦争の被害者ともなった歴史の教訓がこめられたうえでの、「再び戦争の惨禍が起ることのないようにする」決意である。日本が戦争の当事国となって、再び他国の人びとに「戦争の惨禍」を及ぼしてはならないことが大前提となっている。

「伊達判決」においても、憲法前文と九条は「従来のわが国の軍国主義的、侵略主義的政策についての反省の実を示さんとする」ものと位置づけられている。伊達秋雄氏は自著『司法と人権感覚』の中で、憲法前文と九条をめぐってこう述べている。

「国際間の紛争を戦争によって解決しないということ、そして、そのために武力、戦力は持たないということを内外に宣言したのはこの憲法九条です。

これは日本が太平洋戦争におけるあの惨禍にこりて、また、こうでないと、将来人類を救うのはこの道しかないということを、固い決意のもとにこのような宣言をしたわけです。このことは憲法制定の過程から見れば、きわめて明白なことです。

それは安保条約によって日本をアメリカの戦力によって守ろうとしたり、あるいはアメリカと共同防衛体制をとって、アメリカと共同して外国と、場合によっては戦うというようなことは、憲法九条がまさしく放棄した、すべての紛争を、武力、軍備によって解決しないという態度を裏切って、従来どおりの態度に逆戻りをしているということです」

　しかし、安倍政権のもと安保法制がつくられ、自衛隊の軍拡が進み、米軍への兵站支援の態勢も整っている。第四章で述べたように、安保法制にもとづく米軍艦や米軍機の防護――偶発的な戦闘につながるおそれのある――はすでに実施されている。

　これまで日米安保のもと、日本は米軍のフリーハンドの基地運営と軍事活動を認め、基地の維持費までも支払うことで、ベトナム戦争やイラク戦争などで戦争の間接的な加害者の立場にあった。

　自衛隊のインド洋派遣やイラク派遣も、米軍への補給や輸送という兵站支援を含み、米軍の空爆や地上部隊の作戦で殺傷され被害を受けたアフガニスタンやイラクの人びとから見れば、日本もアメリカの戦争に加担し、間接的な加害者の立場にあったことを意味する。

　日本がアメリカの戦争に協力し、戦争の当事国となってしまったら、戦死傷する自衛隊員も出るが、自衛隊員が他国の兵員や民間人を殺傷することにもなる。日本が、日本人が再び戦争の直接の加害者になる歴史を繰り返すことになってしまう。

　日本国憲法は再び戦争の加害者にも被害者にもならない決意にもとづく。それは歴史の教訓とともにある。「伊達判決」もその意に深く根ざしている。

関連資料——判決文

＊砂川事件・東京地方裁判所判決（「伊達判決」）
＊砂川事件・最高裁判所大法廷判決（「砂川判決」）

（『砂川判決と戦争法案』砂川判決の悪用を許さない会編
旬報社　二〇一五より）

1．砂川事件・東京地方裁判所判決（「伊達判決」）一九五九年三月三〇日（日本国とアメリカ合衆国との間の安全保障条約第三条に基く行政協定に伴う刑事特別法違反事件　東京地方裁判所昭和三二年（特わ）第三六七号、三六八号）

主文

本件各公訴事実につき、被告人坂田茂、同菅野勝之、同高野保太郎、同江田文雄、同土屋源太郎、同武藤軍一郎、同椎野徳蔵はいずれも無罪。

理由

本件公訴事実の要旨は、東京調達局においては日本国とアメリカ合衆国との間の安全保障条約第三条に基く行政協定の実施に伴う土地等の使用等に関する特別措置法及び土地収用法により内閣総理大臣の使用認定を得て、昭和三十二年七月八日午前五時十五分頃からアメリカ合衆国空軍の使用する東京都北多摩郡砂川町所在の立川飛行場内民有地の測量を開始したが、この測量に反対する砂川町基地拡張反対同盟員及びこれを支援する各種労働組合員、学生団体員等千余名の集団は同日早朝から右飛行場北側境界柵外に集合して反対の気勢をあげ、その中の一部の者により滑走路北端附近の境界柵は数十米に亘って破壊された。被告人坂田茂、同菅野勝之、同高野保太郎、同江田文雄、同土屋源太郎、同武藤軍一郎は右集団に参加していたものであるが、他の参加者三百名位と意思相通じて同日午前十時四十分頃から同十一時三十分頃までの間に、正当な理由がないのに、右境界柵の破壊された箇所からアメリカ合衆国軍隊が使用する区域であって入ることを禁じた場所である前記立川飛行場内に深さ四・五米に亘って立入り、被告人椎野徳蔵は国鉄労働組合の一員として右集団に参加していたものであるが、同日午前十時三十分頃から同十一時五十分頃までの間に、正当な理由がないのに、右境界柵の破壊された箇所から合衆国軍隊が使用する区域であって入ることを禁じた場所である前記立川飛行場内に深さ二・三米に亘って立入ったものであるというので、按ずるに、……人証・書証略……によれば被告人坂田茂、同菅野勝之、同高野保太郎、同江田文雄、同土屋源太郎、同武藤軍一郎は共同して昭和三十二年七月八日午前十時三、四十分頃から午前十一時頃迄の間に正当な理由がないのにアメリカ合衆国軍隊が使用する区域であって入ることを禁じた場所である東京都北多摩郡砂川町所在立川飛行場内に深さ四・五米に亘って立入り、被告人椎野徳蔵は同日午前十時三十分頃から午前十一時三十分頃迄の間に正当な理由がないのに前記立川飛行場内に深さ二・三米に亘って立入ったことが認められる。

右事実は日本国とアメリカ合衆国との間の安全保障条約第三条に基く行政協定に伴う刑事特別法（以下刑事特別法と略称する。）第二条に該当するが、同法条は、日米安全保障条約に基いてわが国内に駐留する合衆国軍隊が使用する一定の施設又は区域内における合衆国軍隊及びその構成員等の行動、生活等の平穏を保護するため右施設又は区域にして入ることを禁止した場所に対する、正当な理由なき立入又は不退去を処罰するものであるところ、これに対応する一般刑罰法規としては、軽犯罪法第一条第三十二号の正当な理由なく立入禁止の場所等に入った者に対する処罰規定を見出すことができ、従って刑事特別法第二条は右の軽犯罪法の規定と特別法、一般法の関係にあるものと解することができる。しかして、両者間の刑の軽重をみるに、軽犯罪法は拘留又は科料（情状により刑を免除又は併科し得る。）を科し得るに止まるのに対し、刑事特別法第二条は一年以下の懲役又は二千円以下の罰金若しくは科料を科し得るのであって、後者においては前者に比してより重刑をもって臨んでいるのであるが、この差異は法が合衆国軍隊の施設又は区域内の平穏に関する法益を特に重要に考え、一般国民の同種法益よりも一層厚く保護しようとする趣旨に出たものとみるべきである。そこでもしこの合衆国軍隊の駐留がわが国の憲法に何等牴触するものでないならば、右の差別的取扱は敢えて問題とするに足りないけれども、もし合衆国軍隊の駐留がわが憲法の規定上許すべからざるものであるならば、刑事特別法第二条は国民に対して何等正当な理由なく軽犯罪法に規定された一般の場合よりも特に重い刑罰を以て臨む不当な規定となり、何人も適正な手続によらなければ刑罰を科せられないとする憲法第三十一条及び右憲法の規定に違反する結果となるものといわざるを得ないのである。

そこで以下この点について検討を進めることとする。

日本国憲法はその第九条において、国家の政策の手段としての戦争、武力による威嚇又は武力の行使を永久に放棄したのみならず、国家が戦争を行う権利を一切認めず、且つその実質的裏付けとして陸海空軍その他の戦力を一切保持しないと規定している。即ち同条は、自衛権を否定するものではないが、侵略的戦争は勿論のこと、自衛のための戦力を用いる戦争及び自衛のための戦力の保持をも許さないとするものであって、この規定は「政府の行為によって再び戦争の惨禍が起ることのないやうに」（憲法前文第一段）しようとするわが国民が、「恒久の平和を念願し、人間相互の関係を支配する崇高な理想（国際連合憲章もその目標としている世界平和のための国際協力の理想）を深く自覚」（憲法前文第二段）した結果、「平和を愛する諸国民の公正と信義に信頼して、われらの安全と生存を維持しよう」（憲法前文第二段）とする、即ち戦争を国際平和団体に対する犯罪とし、その団体の国際警察軍による軍事的措等、現実的にはいかに譲歩しても右のような国際平和団体を目ざしている国際連合の機関である安全保障理事会等の執る軍事的安全措置等を最低線としてこれによってわが国の安全と生存を維持しようとする決意に基くものであり、単に消極的に諸外国に対して、従来のわが国の軍国主義的、侵略主義的政策についての反省の実を示さんとするに止まらず、正義と秩序を基調とする世界永遠の平和を実現するための先駆たらんとする高遠な理想と悲壮な決意を示すものだといわなければならない。従って憲法第九条の解釈は、かような憲法の理念を十分考慮した上で為さるべきであって、単に文言の形式的、概念的把握に止まってはならないばかりでなく、合衆国軍隊のわが国への駐留は、平和条約が発効し連合国の占領軍が撤収した後の軍備なき真空状態からわが国の安全と生存を維持するため必要であり、自衛上やむを得ないとする政策論によって左右されてはならないことは当然である。

そこで合衆国軍隊の駐留と憲法第九条の関係を考察するに、前記のようにわが国が現実的にはその安全と生存の維持を信託している国際連合の機関による勧告又は命令に基いて、わが国に対する武力攻撃を防禦するためにその軍隊を駐留せしめるということであればあるいは憲法第九条第二項前段によって禁止されている戦力の保持に該当しないかもしれない。しかしながら合衆国軍隊の場合には、わが国に対する武力攻撃を防禦するためわが国がアメリカ合衆国に対して軍隊の配備を要請し、合衆国がこれを承諾した結果、極東における国際平和と安全の維持及び外部からの武力攻撃に対するわが国の安全に寄与し、且つ一又は二以上の外部の国による教唆又は干渉によって引き起されたわが国内における大規模な内乱、騒じょうの鎮圧を援助する目的でわが国内に駐留するものであり（日米安全保障条約第一条）、わが国はアメリカ合衆国に対してこの目的に必要な国内の施設及び区域を提供しているのである（行政協定第二条第一項）。従ってわが国に駐留する合衆国軍隊はただ単にわが国に加えられる武力攻撃に対する防禦若しくは内乱等の鎮圧の援助にのみ使用されるものではなく、合衆国が極東における国際の平和と安全の維持のために事態が武力攻撃に発展する場合であるとして、戦略上必要と判断した際にも当然日本区域外にその軍隊を出動し得るのであって、その際にはわが国が提供した国内の施設、区域は勿論この合衆国軍隊の軍事行動のために使用されるわけであり、わが国が自国と直接関係のない武力紛争の渦中に巻き込まれ、戦争の惨禍がわが国に及ぶ虞は必ずしも絶無ではなく、従って日米安全保障条約によってかかる危険をもたらす可能性を包蔵する合衆国軍隊の駐留を許容したわが国政府の行為は、「政府の行為によって再び戦争の惨禍が起きないようにすることを決意」した日本国憲法の精神に悖るのではないかとする疑念も生ずるのである。

しかしながらこの点はさて措き、わが国が安全保障条約において希望したところの、合衆国軍隊が外部からの武力攻撃に対してわが国の安全に寄与するため使用される場合を考えて見るに、わが国は合衆国軍隊に対して指揮権、管理権を有しないことは勿論、日米安全保障条約上合衆国軍隊は外部からのわが国に対する武力攻撃を防禦すべき法的義務を負担するものでないから、たとえ外部からの武力攻撃が為された場合にわが国がその出動を要請しても、必ずしもそれが容れられることの法的保障は存在しないのであるが、日米安全保障条約締結の動機、交渉の過程、更にはわが国とアメリカ合衆国との政治上、経済上、軍事上の密接なる協力関係、共通の利害関係等を考慮すれば、そのような場合に合衆国がわが国の要請に応じ、既にわが国防衛のため国内に駐留する軍隊を直ちに使用する現実的可能性は頗る大きいものと思料されるのである。而してこのことは行政協定第二十四条に「日本区域において敵対行為又は敵対行為の急迫した脅威が生じた場合には、日本国政府及び合衆国政府は、日本区域防衛のため必要な共同措置を執り、且つ安全保障条約第一条の目的を遂行するため、直ちに協議しなければならない。」と規定されていることに徴しても十分窺われるところである。

ところでこのような実質を有する合衆国軍隊がわが国内に駐留するのは、勿論アメリカ合衆国の一方的な意思決定に基くものではなく、前述のようにわが国政府の要請と、合衆国政府の承諾という意思の合致があったからであって、従って合衆国軍隊の駐留は一面わが国政府の行為によるものということを妨げない。蓋し合衆国軍隊の駐留は、わが国の要請とそれに対する施設、区域の提供、費用の分担その他の協力があって始めて可能となるものであるからである。かようなことを実質的に考察するとき、わが国が外部からの武力攻撃に対する自衛に使用する目的で合衆国軍隊の駐留を許容していることは、指揮権の有無、合衆国軍隊の出動義務の有無に拘らず、日本国憲法第九条第二項前段によって禁止されている陸海空軍その他の戦力の保持に該当するものといわざるを得ず、結局わが国内に駐留する合衆国軍隊は憲法上その存在を許すべからざるものといわざるを得ないのである。

もとより、安全保障条約及び行政協定の存続する限り、わが国が合衆国に対しその軍隊を駐留させ、これに必要なる基地を提供しまたその施設等の平穏を保護しなければならない国際法上の義務を負担することは当然であるとしても、前記のように合衆国軍隊の駐留が憲法第九条第二項前段に違反し許すべからざるものである以上、合衆国軍隊の施設又は区域内の平穏に関する法益が一般国民の同種法益と同様の刑事上、民事上の保護を受けることは格別、特に後者以上の厚い保護を受ける合理的な理由は何等存在しないところであるから、国民に対して軽犯罪法の規定よりも特に重い刑罰をもって臨む刑事特別法第二条の規定は、前に指摘したように何人も適正な手続によらなければ刑罰を科せられないとする憲法第三十一条に違反し無効なものといわなければならない。

よって、被告人等に対する各公訴事実は起訴状に明示せられた訴因としては罪とならないものであるから、刑事訴訟法第三百三十六条により被告人等に対しいずれも無罪の言渡をすることとし、主文のとおり判決する。

(裁判長裁判官　伊達秋雄、裁判官　清水春三、裁判官　松本一郎)

2．砂川事件・最高裁判所大法廷判決（「砂川判決」）一九五九年一二月一六日（日本国とアメリカ合衆国との間の安全保障条約第三条に基く行政協定に伴う刑事特別法違反事件　最高裁判所昭和三四年（あ）第七一〇号）

主文
原判決を破棄する。
本件を東京地方裁判所に差し戻す。

理由
東京地方検察庁検事正野村佐太男の上告趣意について。
原判決は要するに、アメリカ合衆国軍隊の駐留が、憲法九条二項前段の戦力を保持しない旨の規定に違反し許すべからざるものであるということを前提として、日本国とアメリカ合衆国との間の安全保障条約三条に基く行政協定に伴う刑事特別法二条が、憲法三一条に違反し無効であるというのである。

一、先ず憲法九条二項前段の規定の意義につき判断する。そもそも憲法九条は、わが国が敗戦の結果、ポツダム宣言を受諾したことに伴い、日本国民が過去における わが国の誤って犯すに至った軍国主義的行動を反省し、政府の行為によって再び戦争の惨禍が起ることのないようにすることを決意し、深く恒久の平和を念願して制定したものであって、前文および九八条二項の国際協調の精神と相まって、わが憲法の特色である平和主義を具体化した規定である。すなわち、九条一項においては「日本国民は、正義と秩序を基調とする国際平和を誠実に希求」することを宣言し、また「国権の発動たる戦争と、武力による威嚇又は武力の行使は、国際紛争を解決する手段としては、永久にこれを放棄する」と規定し、さらに同条二項においては、「前項の目的を達するため、陸海空軍その他の戦力はこれを保持しない。国の交戦権は、これを認めない」と規定した。かくのごとく、同条は、同条にいわゆる戦争を放棄し、いわゆる戦力の保持を禁止しているのであるが、しかしもちろんこれによりわが国が主権国として持つ固有の自衛権は何ら否定されたものではなく、わが憲法の平和主義は決して無防備、無抵抗を定めたものではないのである。憲法前文にも明らかなように、われら日本国民は、平和を維持し、専制と隷従、圧迫と偏狭を地上から永遠に除去しようとつとめている国際社会において、名誉ある地位を占めることを願い、全世界の国民と共にひとしく恐怖と欠乏から免かれ、平和のうち に生存する権利を有することを確認するのである。しからば、わが国が、自国の平和と安全を維持しその存立を全うするために必要な自衛のための措置をとりうることは、国家固有の権能の行使として当然のことといわなければならない。すなわち、われら日本国民は、憲法九条二項により、同条項にいわゆる戦力は保持しないけれども、これによって生ずるわが国の防衛力の不足は、これを憲法前文にいわゆる平和を愛好する諸国民の公正と信義に信頼することによって補ない、もってわれらの安全と生存を保持しようと決意したのである。そしてそれは、必ずしも原判決のいうように、国際連合の機関である安全保障理事会等の執る軍事的安全措置等に限定されたものではなく、わが国の平和と安全を維持するための安全保障であれば、その目的を達するにふさわしい方式又は手段である限り、国際情勢の実情に即応して適当と認められるものを選ぶことができることはもとよりであって、憲法九条は、わが国がその平和と安全を維持するために他国に安全保障を求めることを、何ら禁ずるものではないのである。

そこで、右のような憲法九条の趣旨に即して同条二項の法意を考えてみるに、同条項において戦力の不保持を規定したのは、わが国がいわゆる戦力を保持し、自らその主体となってこれに指揮権、管理権を行使することにより、同条一項において永久に放棄することを定めたいわゆる侵略戦争を引き起こすがごときことのないようにするためであると解するを相当とする。従って同条二項がいわゆる自衛のための戦力の保持をも禁じたものであるか否かは別として、同条項がその保持を禁止した戦力とは、わが国がその主体となってこれに指揮権、管理権を行使し得る戦力をいうものであり、結局わが国自体の戦力を指し、外国の軍隊は、たとえそれがわが国に駐留するとしても、ここにいう戦力には該当しないと解すべきである。

二、次に、アメリカ合衆国軍隊の駐留が憲法九条、九八条二項および前文の趣旨に反するかどうかであるが、その判断には、右駐留が本件日米安全保障条約に基くものである関係上、結局右条約の内容が憲法の前記条章に反するかどうかの判断が前提とならざるを得ない。

しかるに、右安全保障条約は、日本国との平和条約（昭和二七年四月二八日条約五号）と同日に締結せられた、これと密接不可分の関係にある条約である。すなわち、平和条約六条（a）項但書には「この規定は、一又は二以上の連合国を一方とし、日本国を他方として双方の間に締結された若しくは締結される二国間若しくは多数国間の協定に基く、又はその結果としての外国軍隊の日本国の領域における駐とん又は駐留を妨げるものではない。」とあって、日本国の領域における外国軍隊の駐留を認めており、本件安全保障条約は、右規定によって認められた外国軍隊であるアメリカ合衆国軍隊の駐留に関して、日米間に締結せられた条約であり、平和条約の右条項は、当時の国際連合加盟国六〇箇国中四〇数箇国の多数国家がこれに賛成調印している。そして、右安全保障条約の目的とするところは、その前文によれば、平和条約の発効時において、わが国固有の自衛権を行使する有効な手段を持たない実状に鑑み、無責任な軍国主義の危険に対処する必要上、平和条約がわが国に主権国として集団的安全保障取極を締結する権利を有することを承認し、さらに、国際連合憲章がすべての国が個別的および集団的自衛の固有の権利を有することを承認しているのに基き、わが国の防衛のための暫定措置として、武力攻撃を阻止するため、わが国はアメリカ合衆国がわが国内およびその附近にその軍隊を配備する権利を許容する等、わが国の安全と防衛を確保するに必要な事項を定めるにあることは明瞭である。それ故、右安全保障条約は、その内容において、主権国としてのわが国の平和と安全、ひいてはわが国存立の基礎に極めて重大な関係を有するものというべきであるが、また、その成立に当つては、時の内閣は憲法の条章に基き、米国と数次に亘る交渉の末、わが国の重大政策として適式に締結し、その後、それが憲法に適合するか否かの討議をも含めて衆参両院において慎重に審議せられた上、適法妥当なものとして国会の承認を経たものであることも公知の事実である。

ところで、本件安全保障条約は、前述のごとく、主権国としてのわが国の存立の基礎に極めて重大な関係をもつ高度の政治性を有するものというべきであって、その内容が違憲なりや否やの法的判断は、その条約を締結した内閣およびこれを承認した国会の高度の政治的ないし自由裁量的判断と表裏をなす点がすくなくない。それ故、右違憲なりや否やの法的判断は、純司法的機能をその使命とする司法裁判所の審査には、原則としてなじまない性質のものであり、従って、一見極めて明白に違憲無効であると認められない限りは、裁判所の司法審査権の範囲外のものであって、それは第一次的には、右条約の締結権を有する内閣およびこれに対して承認権を有する国会の判断に従うべく、終局的には、主権を有する国民の政治的批判に委ねらるべきものであると解するを相当とする。そして、このことは、本件安全保障条約またはこれに基く政府の行為の違憲なりや否やが、本件のように前提問題となっている場合であると否とにかかわらないのである。

三、よって、進んで本件アメリカ合衆国軍隊の駐留に関する安全保障条約およびその三条に基く行政協定の規定の示すところをみると、右駐留軍隊は外国軍隊であって、わが国自体の戦力でないことはもちろん、これに対する指揮権、管理権は、すべてアメリカ合衆国に存し、わが国がその主体となってあたかも自国の軍隊に対すると同様の指揮権、管理権を有するものでないことが明らかである。またこの軍隊は、前述のような同条約の前文に示された趣旨において駐留するものであり、同条約一条の示すように極東における国際の平和と安全の維持に寄与し、ならびに一または二以上の外部の国による教唆または干渉によって引き起されたわが国における 大規模の内乱および騒じょうを鎮圧するため、わが国政府の明示の要請に応じて与えられる援助を含めて、外部からの武力攻撃に対する日本国の安全に寄与するために使用することとなっており、その目的は、専らわが国およびわが国を含めた極東の平和と安全を維持し、再び戦争の惨禍が起らないようにすることに存し、わが国がその駐留を許容したのは、わが国の防衛力の不足を、平和を愛好する諸国民の公正と信義に信頼して補なおうとしたものに外ならないことが窺えるのである。

果してしからば、かようなアメリカ合衆国軍隊の駐留は、憲法九条、九八条二項および前文の趣旨に適合こそすれ、これらの条章に反して違憲無効であることが一見極めて明白であるとは、到底認められない。そしてこのことは、憲法九条二項が、自衛のための戦力の保持をも許さない趣旨のものであると否とにかかわらないのである。（なお、行政協定は特に国会の承認を経ていないが、政府は昭和二七年二月二八日その調印を了し、同年三月上旬頃衆議院外務委員会に行政協定およびその締結の際の議事録を提出し、その後、同委員会および衆議院法務委員会等において、種々質疑応答がなされている。そして行政協定自体につき国会の承認を経べきものであるとの議論もあつたが、政府は、行政協定の根拠規定を含む安全保障条約が国会の承認を経ている以上、これと別に特に行政協定につき国会の承認を経る必要はないといい、国会においては、参議院本会議において、昭和二七年三月二五日に行政協定が憲法七三条による条約であるから、同条の規定によって国会の承認を経べきものである旨の決議案が否決され、また、衆議院本会議において、同年同月二六日に行政協定は安全保障条約三条により政府に委任された米軍の配備規律の範囲を越え、その内容は憲法七三条による国会の承認を経べきものである旨の決議案が否決されたのである。しからば、以上の事実に徴し、米軍の配備を規律する条件を規定した行政協定は、既に国会の承認を経た安全保障条約三条の委任の範囲内のものであると認められ、これにつき特に国会の承認を経なかつたからといつて、違憲無効であるとは認められない。）

しからば、原判決が、アメリカ合衆国軍隊の駐留が憲法九条二項前段に違反し許すべからざるものと判断したのは、裁判所の司法審査権の範囲を逸脱し同条項および憲法前文の解釈を誤ったものであり、従って、これを前提として本件刑事特別法二条を違憲無効としたことも失当であって、この点に関する論旨は結局理由あるに帰し、原判決はその他の論旨につき判断するまでもなく、破棄を免かれない。

よって刑訴四一〇条一項本文、四〇五条一号、四一三条本文に従い、主文のとおり判決する。

この判決は、裁判官田中耕太郎、同島保、同藤田八郎、同入江俊郎、同垂水克己、同河村大助、同石坂修一の補足意見および裁判官小谷勝重、同奥野健一、同高橋潔の意見があるほか、裁判官全員一致の意見によるものである。

（裁判長裁判官　田中耕太郎、裁判官　小谷勝重、裁判官　島保、裁判官　斎藤悠輔、裁判官　藤田八郎、裁判官　河村又介、裁判官　入江俊郎、裁判官　池田克、裁判官　垂水克己、裁判官　河村大助、裁判官　下飯坂潤夫、裁判官　奥野健一、裁判官　高橋潔、裁判官　高木常七、裁判官　石坂修一）

あとがき

砂川国賠訴訟の第四回口頭弁論は、今年六月一五日に東京地裁で開かれる予定だった。ところが、新型コロナウイルスの流行が治まらないため、八月末になっても延期されたまま、いつ開かれるのか、現時点でまだ決まっていない。

これまで開かれた三回の口頭弁論では、法廷の一〇〇席ある傍聴席が埋まるほど傍聴者が詰めかけ、この国賠訴訟に寄せる関心の輪が広がりつつあるのが感じられる。裁判所は傍聴者の人数制限など新型コロナウイルスの感染防止策をとったうえで、口頭弁論の日程を組むのだろうが、一日も早い再開が望まれる。

本書で詳しく述べたように、砂川国賠訴訟の原告は、砂川最高裁判決の背後に当時の田中耕太郎最高裁長官からマッカーサー駐日アメリカ大使らへの裁判情報の漏洩があり、憲法が保障する「公平な裁判所」ではなかったことから、同判決は違憲無効の判決だったと訴えている。

裁判情報の漏洩は、本書でも引用したアメリカ政府解禁秘密文書の記述から明らかである。それは、今後、国賠訴訟でどのような判決が出るにせよ、動かせない事実である。その事実にもとづき、米軍優位の不平等な日米安保体制の構造と、集団的自衛権の行使容認など日米軍事同盟強化への根本的な異議申し立てを射程に入れ、三権分立と人権の砦としての司法の覚醒をうながす砂川国賠訴訟の問題提起には、大きな意味があると、あらためて確信する。

取材では、多くの方々に大変お世話になりました。砂川国賠訴訟原告の土屋源太郎氏と坂田和子氏、弁護団代表の武内更一氏、再審請求の弁護団代表の吉永満夫氏からは、インタビューで貴重なお話をお聞かせいただきました。

国賠訴訟弁護団と「伊達判決を生かす会」の皆様からは、砂川事件裁判と再審請求と国賠訴訟の関連資料をご提供いただきました。新原昭治氏と末浪靖司氏からはアメリカ政府解禁秘密文書の写しをご提供いただきました。

本書の関連記事として、「砂川最高裁判決の『呪縛』は解けるか」(『世界』二〇二〇年三月号　岩波書店)と「黒い霧に挑む砂川事件再審請求」(『月刊ＴＩＭＥＳ』二〇一七年八月号　月刊タイムス社)を発表した際に、『世界』編集部の田中宏幸氏、『月刊ＴＩＭＥＳ』の香村啓文編集長に大変お世話になりました。

彩流社の出口綾子氏には、いつも的確なご助言をいただき、刊行に向けてご尽力いただきました。

皆様にあらためて心より感謝申し上げます。

二〇二〇年八月二六日

吉田敏浩

＊主要参考文献（本文関連順）

『改めて考察する「伊達判決」の今日性』伊達判決を生かす会編著・発行　二〇一四年
『砂川事件・東京高裁は再審開始決定を！　ねじまげられた真実、東京地裁が新証拠を無視』伊達判決を生かす会編著・発行　二〇一六年
『砂川闘争から沖縄、横田へ』伊達判決を生かす会編著・発行　二〇一八年
『砂川判決と安保法制』土屋源太郎編著　世界書院　二〇一五年
『砂川判決と戦争法案』砂川判決の悪用を許さない会編　旬報社　二〇一五年
「砂川闘争と米軍駐留違憲判決」伊達秋雄著（『法學志林』第九三巻第一号　法政大学法學志林協会　一九九五年）
『司法と人権感覚』伊達秋雄著　有斐閣　一九八六年
『永遠の青春・伊達さんとその周辺』伊達先生喜寿の会編・発行　一九八六年
『砂川闘争の記録』宮岡政雄著　御茶の水書房　二〇〇五年
『砂川闘争50年それぞれの思い』星紀市編　けやき出版　二〇〇五年
『体験的憲法裁判史』新井章著　現代史出版会　一九七七年
『砂川闘争の記』武藤軍一郎著　花伝社　二〇一〇年
「砂川闘争半世紀――米政府秘密文書が語る事件の内実」新原昭治（『前衛』二〇〇八年　一二月号　日本共産党中央委員会）
『砂川事件刑事訴訟（公判）記録』ＣＤ─ＲＯＭ「伊達判決を生かす会」編　二〇一一年

『砂川事件と田中最高裁長官』布川玲子・新原昭治編著　日本評論社　二〇一三年
『対米従属の正体』末浪靖司著　高文研　二〇一二年
『検証・法治国家崩壊』吉田敏浩・新原昭治・末浪靖司著　創元社　二〇一四年
「砂川事件上告審とアメリカの影」小田中聰樹著　（『世界』二〇〇八年八月号　岩波書店）
「砂川事件再審請求と無効な砂川最高裁判決」吉永満夫著（『砂川判決と安保法制』所収）
「砂川事件国賠訴訟・米国の公文書を認めない日本政府」片岡伸行著　（『週刊金曜日』二〇一九年一一月一九日号　金曜日）
「砂川事件国賠訴訟」阿部茂著（『琉球新報』二〇一九年五月一〇日　共同通信配信）
『新聞と憲法9条』上丸洋一著　朝日新聞出版　二〇一六年
『私の履歴書』田中耕太郎著　春秋社　一九六一年
『崩壊している司法』吉永満夫著　日本評論社　二〇一四年
『戦後史』上下　正村公宏著　筑摩書房　一九八五年
『法律学小辞典』金子宏・新堂幸司・平井宜雄編　有斐閣　二〇〇八年
『憲法と条約と駐留軍』鈴木安蔵著　至誠堂　一九五九年
『昭和憲法史』長谷川正安著　岩波書店　一九六一年
『安保体制と法』長谷川正安・宮内裕・渡辺洋三編　三一書房　一九六二年
『憲法判例の体系』長谷川正安著　勁草書房　一九六六年
『国家の自衛権と国民の自衛権』長谷川正安著　勁草書房　一九七〇年
『現代法入門』長谷川正安著　勁草書房　一九七五年
『日本の憲法・第二版』長谷川正安著　岩波新書　一九七七年

『憲法現代史』上下　長谷川正安著　日本評論社　一九八一年
『日米安保体制と日本国憲法』渡辺洋三著　青木書店　一九九一年
『日米安保条約全書』渡辺洋三・吉岡吉典編　労働旬報社　一九六八年
『農村と基地の法社会学』潮見俊隆著　岩波書店　一九六〇年
『法律家』潮見俊隆著　岩波新書　一九七〇年
『日本における憲法動態の分析』小林直樹著　岩波書店　一九六三年
『日本の憲法判例』憲法判例研究会編　敬文堂出版部　一九六九年
『憲法と最高裁判所』和田英夫著　学陽書房　一九七五年
『米軍基地と市民法』田山輝明著　一粒社　一九八三年
『東京・横田基地』「東京・横田基地」編集委員会編　連合出版　一九八六年
『軍隊と住民』榎本信行著　日本評論社　一九九三年
『安保改定50年　軍事同盟のない世界へ』民主主義科学者協会法律部会編　法律時報増刊　日本評論社　二〇一〇年
『憲法九条の戦後史』田中伸尚著　岩波新書　二〇〇五年
「今の情勢のもとで『二つの砂川判決』を考える」内藤功著（『砂川判決と戦争法案』所収）
「砂川裁判が現在に問いかけること――伊達判決五〇年によせて」内藤功著（『砂川闘争の記』所収）
「砂川刑特法事件を再考する」内藤功著（『砂川事件と田中最高裁長官』所収）
「砂川事件最高裁大法廷判決は集団的自衛権行使容認の論拠にならない」武内更一著（『砂川判決と安保法制』所収）
「安保法案はなぜ違憲なのか、長谷部恭男教授に聞く」（『世界』二〇一五年八月号　岩波書店）

『安保法制の何が問題か』長谷部恭男・杉田敦編　岩波書店　二〇一五年
『ライブ講義徹底分析！集団的自衛権』水島朝穂著　岩波書店　二〇一五年
『集団的自衛権とは何か』豊下楢彦著　岩波新書　二〇〇七年
『安保法制は憲法違反』安保法制違憲訴訟の会編　日本評論社　二〇一九年
『戦争法と日米安保』安保破棄中央実行委員会編・発行　二〇一六年
『今日の「日米同盟」を問う』小泉親司著　学習の友社　二〇一九年
『自衛隊』前田哲男著　岩波新書　二〇〇七年
『「戦地」派遣』半田滋著　岩波新書　二〇〇九年
『安保法制下で進む！先制攻撃できる自衛隊』半田滋著　あけび書房　二〇一九年
『新防衛大綱の解説』田村重信著　内外出版　二〇一九年
「三つの同盟と三つのガイドライン」上中下　前田哲男著（『世界』二〇一五年一二月号〜一六年二月号　岩波書店）
「自衛隊変貌」1〜4　前田哲男著（『世界』二〇一六年一二月号〜二月号、四月号　岩波書店）
『イラク戦争の出撃拠点』山根隆志・石川巌著　新日本出版社　二〇〇三年
『アメリカの戦争と日米安保体制・第三版』島川雅史著　社会評論社　二〇一一年
『日本管理法令研究』（全三五号）日本管理法令研究会編著　有斐閣　一九四六年〜五三年
『日本占領及び管理重要文書集』全六巻　外務省特別資料課編　一九四九年〜五一年　東洋経済新報社
『占領軍調達史』占領軍調達史編さん委員会編著　調達庁　一九五六年
『防衛施設庁史』第一巻　防衛施設庁史編さん委員会編　防衛施設庁　一九七三年
『資料・戦後二十年史3』末川博編　日本評論社　一九六六年

「日米行政協定にもとずく合同委員会の交渉経過の概要」伊関佑二郎著／『財政経済弘報』一九五二年八月一一日号)
「他国地位協定調査報告書（欧州編）」沖縄県作成　二〇一九年
『「日米合同委員会」の研究』吉田敏浩著　創元社　二〇一六年
『日米戦争同盟』吉田敏浩著　河出書房新社　二〇一九年

●著者プロフィール

吉田敏浩（よしだ・としひろ）

1957年、大分県臼杵市生まれ。ジャーナリスト。ビルマ（ミャンマー）北部のカチン人など少数民族の自治権を求める戦いと生活と文化を長期取材した記録、『森の回廊』（NHK出版）で大宅壮一ノンフィクション賞を受賞。近年は戦争のできる国に変わるおそれのある日本の現状を取材。『「日米合同委員会」の研究』（創元社）で日本ジャーナリスト会議賞（JCJ賞）を、『赤紙と徴兵』（彩流社）で「いける本」大賞を受賞。

主著:『ルポ・戦争協力拒否』（岩波新書）、『反空爆の思想』（ＮＨＫブックス）、『ダイドー・ブガ——北ビルマ・カチン州の天地人原景』（彩流社）、『密約・日米地位協定と米兵犯罪』（毎日新聞社）、『人を"資源"と呼んでいいのか』（現代書館）、『沖縄・日本で最も戦場に近い場所』（毎日新聞社）、『横田空域』（角川新書）、『日米戦争同盟』（河出書房新社）、『検証・法治国家崩壊』（共著・創元社）など多数。

日米安保《にちべいあんぽ》と砂川判決《すながわはんけつ》の黒《くろ》い霧《きり》
——最高裁長官《さいこうさいちょうかん》の情報漏洩《じょうほうろうえい》を訴《うった》える国賠訴訟《こくばいそしょう》

2020年10月10日　初版第一刷

著　者　　吉田敏浩 ©2020

発行者　　河野和憲

発行所　　株式会社 彩流社

〒101-0051　東京都千代田区神田神保町3-10　大行ビル６階

電話　03-3234-5931

FAX　03-3234-5932

http://www.sairyusha.co.jp/

編　集　　出口綾子

装　丁　　ナカグログラフ（黒瀬章夫）

印刷　　明和印刷株式会社

製本　　株式会社村上製本所

Printed in Japan　ISBN978-4-7791-2697-0 C0036

定価はカバーに表示してあります。乱丁・落丁本はお取り替えいたします。

本書は日本出版著作権協会（JPCA）が委託管理する著作物です。

複写（コピー）・複製、その他著作物の利用については、事前に JPCA（電話03-3812-9424、e-mail:info@jpca.jp.net）の許諾を得て下さい。なお、無断でのコピー・スキャン・デジタル化等の複製は著作権法上での例外を除き、著作権法違反となります。

《彩流社の好評既刊本》

赤紙と徴兵　――105歳 最後の兵事係の証言から

吉田敏浩 著　978-4-7791-1625-4（11. 08）

兵事書類について沈黙を通しながら、独り戦没者名簿を綴った元兵事係、西邑仁平さんの戦後は死者たちとともにあった――全国でも大変めずらしい貴重な資料を読み解き、現在への教訓を大宅賞作家が伝える。渾身の力作。　四六判上製2000円＋税

イラストと読む【現代語訳】ポツダム宣言

田中等 著　978-4-7791-2153-1（15. 07）

日本がたどってきた歴史を正面から見つめるために、かつて「大日本帝国」が「敗戦」を認め受諾した「ポツダム宣言」を知る必要がある。13 項目が、誰にでもわかる平易な日本語とイラストでイメージできる！　英語原文、70 年前の日本語対訳付き！　A5判上製830円＋税

戦争する国のつくり方　――「戦前」をくり返さないために

海渡雄一 著　978-4-7791-2314-6（17. 04）

共謀罪、特定秘密保護法、戦争法…。太平洋戦争に向かった歴史的事実を現在と対比して振り返り、現政権のもとで進行している事態をしっかり認識できるよう学び、なぜ戦争を止められなかったのかという反省のもとに、私たちはいま何をなすべきかを考える。　四六判上製1500円＋税

いま、朝鮮半島は何を問いかけるのか

――民衆の平和と市民の役割・責任　内海愛子他 著　978-4-7791-2517-1（19. 04）

歴史的な南北首脳会談と米朝首脳会談を北朝鮮の核問題や日本の外交問題としての視点しかないマスコミに躍らされることなく、市民社会の側から考える。近現代史を生きた（生きている）人びとの体温が感じられるような言葉で語り、考える。　四六判並製2000円＋税

ホハレ峠　――ダムに沈んだ徳山村　百年の軌跡

大西暢夫 写真・文　978-4-7791-2643-7（20. 04）

「現金化したら、何もかもおしまいやな」。日本最大のダムに沈んだ岐阜県徳山村最奥の集落に一人暮らし続けた女性の人生。30年の取材で見えてきた村の歴史とは。血をつなぐため、彼らは驚くべき道のりをたどった。各紙で絶賛！　四六判並製1900円＋税

ダイドー・ブガ　――北ビルマ、カチン州の天地人原景

吉田敏浩 写真・文　978-4-7791-1787-9（12. 05）

広大な森のなかで真に豊かに生きられる、人間の原点ともいえる場がここにある。国家に管理されず、自給自足的に暮らす人びとが、なぜ、闘わざるを得ないのか。激動するビルマ（ミャンマー）で、生き抜こうとする少数民族の写真集。　A5判並製2300円＋税